盛世 卓越父母大学堂
SS Excellent Parents University

你真的 不会 做父亲

好父亲就该这样做

邓国弘　张美英◎著

中国财富出版社

图书在版编目（CIP）数据

你真的不会做父亲：好父亲就该这样做／邓国弘，张美英著．—北京：中国财富出版社，2015.5

（盛世卓越父母大学堂）

ISBN 978-7-5047-5618-3

Ⅰ.①你…　Ⅱ.①邓…②张　Ⅲ.①亲子关系—家庭教育　Ⅳ.①G78

中国版本图书馆 CIP 数据核字（2015）第 060335 号

策划编辑 单元花		**责任印制** 方朋远	
责任编辑 邢有涛　单元花		**责任校对** 梁　凡	

出版发行	中国财富出版社	
社　　址	北京市丰台区南四环西路 188 号 5 区 20 楼	**邮政编码**　100070
电　　话	010-52227568（发行部）	010-52227588 转 307（总编室）
	010-68589540（读者服务部）	010-52227588 转 305（质检部）
网　　址	http://www.cfpress.com.cn	
经　　销	新华书店	
印　　刷	北京京都六环印刷厂	
书　　号	ISBN 978-7-5047-5618-3/G·0614	
开　　本	710mm×1000mm　1/16	**版　次**　2015 年 5 月第 1 版
印　　张	16	**印　次**　2015 年 5 月第 1 次印刷
字　　数	246 千字	**定　价**　35.00 元

前　言

随着社会的发展和时代的进步，中国的家庭结构、规模、观念、伦理等都发生了巨大的变化：保守而落后的家庭生活方式逐渐式微，家庭成员之间的情感交流构成了家庭生活的主流。然而在这一变化中，父亲的角色似乎未能跟上家庭变迁的步伐，被疏离于家庭生活之外，尤其在孩子的教育问题上存在着诸多不足和误区，而且普遍存在着"父教缺失"的现象。

2008 年，中、日、韩、美四国研究者联合开展的一项研究证实：在中国家庭中，父亲与孩子之间情感沟通的频率、内容、质量都不容乐观；在对高中生群体的一份调查问卷中，父亲被选为"第六倾诉对象"，排在同性朋友、母亲、异性朋友、兄弟姐妹们甚至陌生网友之后。

在现实生活中，我们经常会看到这样的画面：在学校门口，接送孩子的通常是母亲或爷爷奶奶；在家长会上，往往是由母亲出席；在学校组织的夏令营活动上，大部分是母亲陪伴在孩子身边；在书店里，帮孩子挑选书籍的大多是母亲……母亲陪伴孩子的情景随处可见，然而父亲却难觅踪影。

父教缺失，不仅严重影响到孩子的健康成长、家庭的幸福和谐，而且也可能会产生出一些社会问题，比如叛逆、暴力、犯罪、网瘾、性问题……作为一名长期致力于家庭教育领域的实践者，在给家长做培训和咨询服务的过程中，我接触过许多涉及青少年心理障碍和行为问题的案例，其中很大的原因就在于父亲教育的缺失。

父教缘何缺失？原因可能是多方面的，但我认为最主要的还是在于中国传统教育观念的束缚，即"男主外，女主内"——在现代家庭环境中，男人是家庭的"顶梁柱"，肩负着挣钱养家的重任，因而将主要的时间和精力投入到事业、工作、应酬、社交中；而母亲则往往承担着"相夫教子"的角色，照顾孩子的学习和生活。这种"男女分工"的传统观念直接导致了父亲在家庭教育中的缺位。

在现代家庭教育中，父亲的教育对孩子的成长和发展具有不可替代的作用，甚至在某种程度上决定了孩子将来的成就。教育机构研究表明，父亲的爱与亲近，在孩子的品格培养、智力发展、社会心理以及坚强、自立、勇敢等性格方面，具有非常重要的作用。具体体现在以下几个方面。

①父亲教育能够让孩子更坚强。父亲通常具有坚强、乐观、豁达、自信、勇敢、果断、富有进取心等性格特征。在孩子成长的过程中，往往会将父亲作为自己心目中的第一位偶像，父亲与孩子在情感交流时，孩子会潜移默化地感知和模仿父亲的言谈举止，因此，父亲的教育能让孩子变得更加坚强。

②父亲教育能够培养孩子的探索精神。相对于女性而言，男性往往更具有探索精神，对新生事物充满好奇。父亲在与孩子玩游戏时，通常喜欢与孩子玩一些运动性、智能性的游戏，鼓励孩子勇于尝试新鲜游戏，从而更有利于培养孩子的探索精神。

③父亲教育更有利于培养孩子的逻辑思维能力。由于男性的逻辑思维能力、动手实践能力都优越于女性，因此父亲在教育孩子的过程中，对孩子的逻辑思维能力起到很大的作用。与父亲亲密相处的孩子，数学、物理成绩较佳。

④父亲教育更易促进孩子智力的发展。虽然母亲和父亲都会有意无意地希望推动幼儿的智力发展，但由于采用的方式不同，所起到的作用也是有差别的。母亲往往会通过图书或周围环境教幼儿如何认识事物、思考问题；而父亲则喜欢通过一些需要动手的活动引导幼儿的探索意识、创新思维和动手能力，促进幼儿好奇心和求知欲的发展。

⑤父亲教育更能促进孩子性别角色的认知。孩子对男女两性的最高认识往往来源于家庭，他们会认为女孩就应该像母亲一样，男孩就应该像爸

爸一样。如果在家庭教育当中，父亲的角色缺失，不仅不利于男孩对同性的认同，而且也会影响女孩对异性的认知。

正如香港著名作家梁凤仪所说的那样："恐惧时，父亲是一块踏脚的石；黑暗时，父亲是一盏照明的灯；努力时，父亲是精神上的支柱；成功时，父亲又是鼓励和警钟。"在孩子的成长道路上，父亲教育有其特殊的重要地位和价值效果，尤其是当孩子还没有形成成熟的世界观时，父亲教育显得尤为重要。这一时期的亲子教育对孩子的影响将是终身的，倘若这一阶段父爱缺失，将会给孩子的一生带来无法弥补的遗憾！

本书紧贴当下现代家庭教育现状和热点话题，熔严肃性与通俗性、专业性与趣味性于一炉，以抽丝剥茧的方式揭示了教育的本质和真相，对父亲教育进行了客观翔实、系统全面地分析和讲解，深刻指出父亲在子女教育问题上的偏见和盲区，引领父亲彻底打破传统教育观念的桎梏。

这是一次理论和实践的完美结合，在本书中，笔者直面家长最关心的人格教育、成才教育与沟通教育等教育问题，并根据自己的专业与经验，给出了许多简单有效的操作方法，让父亲在教育孩子时能够有章可循，希望这本书能给广大读者带来一些有益的帮助。

作 者
2015 年 1 月

导　读

◆父亲，对于孩子究竟意味着什么？著名心理学家格尔迪说，父亲的出现是一种独特的存在，对培养孩子有一种特别的力量；英国著名文学家哈伯特则认为，一个父亲胜过100个校长；而美国总统奥巴马在自传《无畏的希望》中曾这样写道："人不是完其父愿，就是缮其父过……"我们每一个人，都生活在父亲的巨大影响里，这种影响往往超越生死，超越时间与空间！

◆父教缺失，将会对孩子造成怎样的影响？根据美国权威机构数据调查显示：美国70%的少年犯来自单亲家庭；60%的少年凶杀犯来自无父家庭；70%的长期服刑犯人来自无父家庭；90%离家出走的孩子来自无父家庭；戒毒中心有75%的青少年来自无父家庭……这组冷冰冰的数据告诉了我们什么？父亲就如同生命中不可或缺的氧气一样重要。父爱缺失，将会给孩子的一生带来无法弥补的遗憾！

◆在中国的家庭教育环境中，"男主外，女主内"的传统教育理念依旧根深蒂固，许多父亲以工作繁忙、挣钱养家为由，忽视对孩子的教育，以致父亲的角色在家庭教育中越来越模糊，而由此产生出大量的社会问题——叛逆、暴力、犯罪、性问题、网瘾……已然演变成社会之殇！父亲教育的缺失，不仅对孩子的健康成长、家庭的幸福和谐带来严重的负面影响，而且对社会的破坏性影响也是不容置疑的！

◆在现代家庭教育中，父亲的教育对孩子的成长和发展具有不可替代的作用，甚至在某种程度上决定了孩子将来的成就。如果将母亲比作一片绿草地，那么父亲就是一棵大树。母亲给孩子提供的更多的是温暖、依恋和舒适感；而父亲在孩子心目中则代表着无穷的力量和强大的依靠。父亲对孩子的影响主要表现在品格培养、智力发展、社会心理以及坚强、自立、勇敢等性格的确立上，这是在家庭教育中母亲所不能替代的。

◆本书创作的初衷和目的，就是要唤醒父亲角色回归家庭教育，让孩子在父爱下成长。本书作者既是一位父亲，也是一名教育心理学专家。作者立足于现代家庭教育理论和实践，从父教理念、教育定位、亲子沟通、性格塑造、逆商教育、品格培养、男孩教育、女孩教育8个方面入手，结合中国传统教育和西式教育的优点，总结出了一套独特的亲子教育方法，系统阐述了父亲在孩子成长中的重要性及教育方法。

◆本书最大的特色在于，紧贴当下现代家庭教育现状和热点话题，深刻指出父亲在子女教育问题上的偏见和盲区，对父亲教育进行了客观翔实、系统全面地分析和讲解。这是一次理论和实践的完美结合，在本书中，作者直面家长最关心的人格教育、成才教育与沟通教育等教育问题，并根据自己的专业与经验，给出了许多简单有效的操作方法，让父亲在教育孩子时能够有章可循。

◆本书将重点阐述：如何让家长对父教有更加深入全面的认识，让父亲承担起在家庭教育中的职责；如何走出家庭教育误区，重塑父亲在家庭教育中的角色形象；如何与孩子进行心灵沟通，架起父亲与孩子之间的情感桥梁；如何根据孩子不同的性格特点，帮助孩子塑造出完美的性格；如何对孩子进行逆商教育，让孩子在挫折和逆境中学会坚强；如何在孩子面前树立"父亲权威"，以言传身教的方式培养孩子的高贵人格；如何打破传统教育观念的桎梏，在男孩的成长道路上给予科学的引导和帮助；如何在女孩不同的成长阶段施以不同的教育，培养和塑造出气质优雅、心智成熟、性格完美的"小公主"……

目录 CONTENTS

第一章

中国式"父教"：不要在孩子的成长之路上缺席

中国式"父教"，到底"缺失"了什么

上古时期，"父"所指的便是一个家族或部落当中最具有威望的人，而这种威望在先辈造字的过程中也得到了体现。由于原始社会棍棒类的东西是主要的生产工具兼武器，所以甲骨文的"父"字很像一只手握住棍棒的样子。此外，还有一种说法认为"父"字当中所握的不是棍棒，而是代表威望的权杖。《说文解字》中云："父，矩也，家长率教者，从手举杖。"这里所说的便是"父"在家庭当中的精神引领、安全保护、经济供给和垂范训导作用。

不过，由于现代社会生活节奏加快、经济压力增大，男性的角色主要转移到了外面，在家庭当中父亲的角色则变得越来越淡，孩子的教养重任基本都转移到了母亲或者祖辈的身上。一生致力于发展心理学研究的美国著名心理学家格塞尔基于自己的研究，曾经说过这样一句话："失去父爱是人类感情发展的一种缺陷和不平衡。"所以，"父教"的缺失不仅不利于孩子良好身心的塑造，而且有可能为孩子的成长埋下巨大的隐患。

1. 现状：中国家庭普遍存在"父教缺失"

我国儿童的成长过程中是否缺失"父教"，缺失到何种程度，"父教"的缺失又会对他们的成长造成怎样的影响呢？下面的数据会告诉我们答案。

在一项《中、日、韩、美四国高中生权益状况比较研究报告》中，虽然94.0%（日本为88.4%，韩国为91.7%，美国为93.9%）的中国高中生觉得父母非常关心自己，这一比例超过了其他三个国家；但觉得自己的烦恼无处倾诉的比例在四国当中仍然最高（美国8.4%，韩国17.2%，日本19.4%，中国21.0%），并且表示自己平时跟父母沟通的比例却最低（日本82.0%，美国73.8%，韩国70.1%，中国54.8%）。另外，在"烦恼和心事的诉说对象"的调查当中，日、韩、美三国的高中生都将自己的父亲和母亲排在了前五位当中，而中国高中生所列出的前五位当中只有母亲，父亲甚至排在网友之后。

在一个家庭当中，父亲往往意味着规则的制定者和监督者，是权威和值得信赖的代表，如果在儿童成长的过程当中，父亲的角色缺失，儿童在成长的过程当中缺乏一定的参照，遇到问题的时候也难以找到可以寻求帮助的人，就有可能走弯路。曾经有人做过这样一个比喻，家庭当中"父教"的缺失会直接开启两条生产线，一条通向社会，输出的是有问题的个体；另一条通向监狱，输出的则是各种各样的罪犯。

根据美国父道组织的一项调查：80%的未成年强奸犯的犯罪动机与家庭当中缺少父亲有关；75%的染上毒瘾的青少年来自缺少父亲的家庭；90%的离家出走的孩子来自缺少父亲的单亲家庭……

而根据北京军区总医院青少年成长基地的研究，当家庭当中父亲的角色出现问题时，孩子更容易形成瘾性人格。根据对机构网络成瘾案例的分析，高达87%的个体认为受到的最主要的伤害是缺失父爱。

随着经济的快速发展，物质获得极大满足的同时，我国的家庭模式也发生了巨大的变化，有的家庭结构以及责任分工等逐渐瓦解，家庭伦理越发淡薄，取而代之的是更多的重组家庭和单亲家庭。而在这个剧烈的变化过程当中，家庭当中父亲的角色似乎也跟着减弱了，儿童成长的过程当中"父教"的缺失，成了我国家庭教育中的突出问题。

"父教"缺失的原因不同，对儿童成长所造成的影响也有差别，比如：父亲过于"主外"，忙于事业，忽视家庭和对子女的教育；广大农村地区，父亲作为主要劳动力外出打工，儿童处于留守或半留守状态；家长离婚后，孩子跟随母亲生活，父亲疏于对孩子的关心和管教，等等。

2. 溯源："父教"缺失的根源在于父道观念的衰落

（1）父道观念受传统思想"掣肘"

我国的传统思想认为"男主外，女主内"，这在一定程度上影响了家庭当中父亲的教育观念。虽然，随着我国居民的受教育程度逐渐提高，这种思想有减弱的趋势，但家庭当中与孩子教育有关的工作仍然主要由母亲承担，部分父亲仍然认为"带孩子"不符合自己的男性角色。

（2）父道观念被生活压力"压垮"

虽然很多父亲本身有承担家庭教育的意愿，但巨大的生活压力仍然使得广大的父亲们忙于事业和生计而无暇他顾。在一项关于"父教"缺失的原因调查当中，69.2%的被调查者选择的是"解决家庭经济压力"。虽然已经有更多的女性投入到各行各业当中，但由于生理以及其他因素的影响，男性在很多行业当中仍然占据主导地位，而这也就必然导致了男性关注家庭和子女教育的时间和精力减少。

（3）父教观念受传统理论思想"误导"

早期，在心理学界和教育学界曾有一种观念，认为与父亲相比，母亲对孩子成长的作用更为关键。这主要是由于孩子自出生后，母亲就承担着喂养孩子和陪伴孩子的主要工作，使得孩子与母亲之间建立了一种依恋关系。实际上，近期的研究已经可以说明，父亲和母亲在孩子成长过程中的作用是同等重要的。

（4）父教权威受教育方法不当"威胁"

在现实生活当中，很多父亲空有一颗火热的心，对教育孩子有满腔热情，但由于方法不当，踏入了教育孩子的误区。

误区一：以分数论"英雄"。很多父母对子女的爱往往容易体现在对学习成绩的关注上，不重视孩子学习能力的培养，一心想提高孩子的考试成绩。当孩子取得好的考试成绩时，便会心花怒放，毫无原则地满足孩子提出的要求；而当孩子考试成绩不理想时，就对孩子严加斥责，甚至大打出手。

误区二：重身体锻炼，轻心理建设。父亲由于性别的原因，容易认识到健康的体魄对孩子一生的重要性，但同时也恰恰容易忽视健康的心理对孩子的影响，以致令人扼腕叹息的未成年人自杀自残事件时有发生。

误区三：惯用惩罚，疏于表扬。在很多家庭当中，父亲和母亲对孩子的教育往往有一种约定俗成的分工，即父亲唱红脸，母亲唱白脸。于是，为数不少的父亲习惯通过比较强硬的方式来对待孩子，比如责骂和体罚。这一方面容易伤害孩子稚嫩的心灵，另一方面也容易加深孩子对父亲的抵触情绪。

误区四：采用不恰当的方式教育孩子。孩子的成长是有规律可循的，而教育也应该遵循这些规律，只有这样教育才能达到事半功倍的效果。有些父亲往往因为不了解教育的基本原理和孩子所处年龄阶段的特点，而采用错误的教育方式，比如在孩子入学之前给孩子大量灌输纯记忆性的知识，这样有可能短期内会有一些收效，但这并不利于孩子的长远发展。

（5）母爱过剩"滋生"父爱缺失

很多家庭当中，母亲出于母性的本能不仅主动地承担起抚养和教育孩子的重任，而且几乎将所有的精力全部投注到了孩子身上。在一些家庭当中，一些母亲由于"爱子心切"，甚至不让其他人碰孩子。加之过去的严父观念越来越被推翻，很多父亲会觉得自己找不到教育孩子的入口。实际上，对孩子来说，母爱跟父爱并不冲突，由于各自的性别优势，父亲和母亲在家庭教育中发挥作用的侧重点不同，母亲可以着重于对孩子生活的关心，父亲则可以偏重于对孩子品格的培养。

3. 呼吁：中国需要塑造新时代的父亲角色

（1）"父教"对孩子的发展有怎样的价值

教育学和心理学领域的研究已经证明，父亲的教育对孩子的成长和发展具有关键的作用。"养不教，父之过"，父亲对孩子的影响是多方面的。

①孩子智力发展的特殊催化剂。已有的多项研究得到了一个非常相似的结论：父亲参与孩子的生活和对孩子的陪伴能够促进孩子的智力发展。耶鲁大学一项长达12年的跟踪研究证明：在父母双方均有参与，而父亲更多承担抚养和教育责任的孩子的智商更高，并且处理人际关系的能力也往往更强。

②帮助孩子形成积极的个性品质。由于性别的原因，母亲在抚养和教育孩子的过程中，出于保护孩子的心态，往往不希望孩子有太大的活动强度；而父亲则恰恰相反，会更倾向于带孩子进行较大强度的活动，并频繁地更换活动的内容和方式，而这也更容易养成孩子积极的个性品质。

③提高孩子的社会交往能力。心理学的研究发现：如果婴儿在5个月之前与父亲有较多的接触，那么当他面对陌生人时，更加不容易退缩，而有更多的回应。另外的一项心理学的研究也指出：在5岁之前有父亲照顾和陪伴的孩子，长大以后社交能力更强，并且更容易体贴和同情他人。

（2）如何树立新时代的父教观念

①树立无法替代的父亲角色。不管教育学界还是心理学界，已有的研究都已证明，父亲和母亲在孩子的成长过程中均有不可忽视的作用。比如：母亲更为细腻，与孩子有更多的身体接触，能够安抚孩子；而父亲往往通过游戏和榜样作用教会孩子遵守规则，形成更勇敢、积极、坚定、自信的个性。

②父亲的影响自孩子出生起就开始了。父亲的角色不仅是无法替代

的，而且自孩子出生起就已经对孩子的成长产生影响了。凯文·努琴特研究发现：在孩子出生的第一年里，如果父亲较多参与婴儿的抚养工作，那么孩子成长过程中表现出的认知水平更高。而德国心理学家苏埃斯的研究则指出：父亲在孩子 12～18 个月的阶段内与孩子的相处，会影响他成长过程中的同伴关系。

③父教对男孩女孩同样重要。早期的研究基于性别认同的角度，往往认为父亲的陪伴和教育对男孩的影响更大，更有利于其男性角色的建立和良好性格的培养。实际上，根据后期的一些研究：父亲对女孩成长的作用也是同等重要的。心理学的研究表明：父亲会影响女孩对异性的认知，如果在女孩成长的过程中，父亲的角色处于缺失的状态，那么，她面对异性时更容易焦虑，并且两性关系容易混乱。

父教缺失，会给孩子带来哪些负面影响

我国某地曾经对两千多名市民进行过一次调查，调查的结果显示：母亲已然成了家庭教育的主力军。至于父亲较少参与家庭教育的可能原因："经济压力大，加班应酬多"这一项被选择的比例最高，为61%；"观念问题，认为孩子的教育应该由母亲负责"这一项被选择的比例为 39%；而"缺乏教育孩子的责任感"这一项被选择的比例也有 37%。

某地幼儿园的一项调查也显示：幼儿教育的主要参与者是孩子的母亲和祖辈，能够经常与幼儿一起读书、做游戏的父亲比例仅为33%；生病的时候能够陪孩子去医院的只有 25%；幼儿园的家长会也已经成了"奶奶会"和"妈妈会"。

在家庭教育当中，父亲和母亲对孩子的成长和发展都是不可缺少的，二者所能起到的作用也是不同的。但是，往往由于经济压力、离婚等原因，孩子的成长过程中经常会缺少父亲的陪伴和教育。那么，父教缺失，会给孩子的成长造成哪些不利的影响呢？

1. 影响孩子性别角色的发展

由于鹏鹏的爷爷在鹏鹏出生之前就去世了，鹏鹏出生以后爸爸和妈妈也离婚了，所以，鹏鹏一直跟奶奶和妈妈住在一起，纯女性的抚养方式，让鹏鹏看上去跟别的小男孩不太一样。

六一儿童节到来之前，妈妈问鹏鹏想要什么礼物，他说想要一个漂亮的发卡；夏天的时候，妈妈带他去买衣服，他只喜欢裙子，不喜欢短裤，而且最喜欢粉色的；平时，跟别的小朋友一起玩的时候，鹏鹏也只喜欢跟姐姐妹妹玩，不喜欢哥哥弟弟；有一天，鹏鹏甚至郑重其事地跟妈妈说："当女孩好，我想当女孩，不想当男孩。"

一般来说，人们会期望个体表现出与自己的生理性别相同的性别认知和性别行为。根据相关的研究，父亲和母亲在儿童性别角色发展的过程中所起的作用是不同的，在一个家庭当中，如果父亲缺失，那么儿童的性别角色发展更容易出现混乱。

几乎所有发展心理学和教育心理学的理论都认为：父亲在儿童性别角色认同中的作用是至关重要的。精神分析学派的观点将父亲的角色定义为儿童的教育者、保护者和理想化的榜样，儿童会自发地模仿父亲的行为。

社会学习理论强调榜样的强化作用，对男孩来说，他会参照父亲提供的行为模式形成自己的行为模式；对女孩来说，父亲的形象会影响她对异性的认知，她往往倾向于据此选择异性伴侣，而且，父亲的关爱和陪伴，能够增强她的安全感。认知学派的观点则认为，父母所提供的性别角色信息，会影响个体社会化过程中对性别角色的理解。

2. 影响儿童道德发展

8 岁的时候，小剑的父亲因为车祸去世了，家里的顶梁柱一下没了，为了供小剑读书，母亲找了很多兼职，天天早出晚归，经常是小剑一个人在家。虽然知道母亲辛苦是为了自己读书，但小剑对学习越来越没有兴趣，于是初中还没毕业便辍学回家了。

回家以后，小剑整日无所事事，便泡在网吧里，时间长了，囊中羞涩的他连上网的钱也没有了，于是便开始找工作。他在网上看到一则招聘启事十分心动，便去了约定的地点。原来所谓的"雇主"也不过是比自己大两岁的小江，小江说："因为我们都是未成年人，所以做什么都不算犯罪。现在大街上有很多电动车，我们可以偷来卖，一个月可以赚不少钱。"小剑信以为真，便跟着小江四处盗窃电动车。半个月后，正当小剑为兜里多了几百元开心的时候，小剑和小江二人就被警方抓获了。

心理学的研究发现：相比家庭完整的男孩，在父亲缺失的家庭中长大的男孩的规则、愧疚、道德判断等与道德发展的水平方面都比较低。在针对儿童的反社会行为与父亲缺失关系的一项研究中，心理学家们发现：在父亲缺失的家庭中长大的儿童更容易出现反社会行为，而且即使有继父或其他男性角色填补进来，其反社会行为也不会减少。随着儿童不断的成长，其道德问题和反社会行为将非常有可能演化为犯罪行为。

3. 不利于健康人格的塑造

四年一届的世界杯在巴西开战了，这本来是一件好事，但因为世界杯东东对爸爸的意见更大了。

今年东东已经12岁了，因为爸爸是个球迷，他耳濡目染地受到了一些影响，他多想能跟爸爸一起去踢球啊，可是爸爸一直说自己忙，每天回来得都很晚，周末也经常加班。世界杯开赛以后，爸爸更是神龙见首不见尾，经常跟朋友在酒吧熬夜看球，偶尔回来就盯着央视5套，经常半夜起来看球，而且总是发出很大的声音把大家吵醒，妈妈如果劝说他或者关掉电视，他就会大为光火，开始骂人、打人。

有一天爸爸回来得比较早，东东也想跟爸爸一起看球，但爸爸却不耐烦地对他吼道："滚一边儿去，赶紧学习，考不好老子揍死你！"

对孩子的成长和发展来说，只有母亲和父亲的教育各自发挥其优势，并完美融合，这种平衡的效果才是最佳的。如果像案例中东东的父亲一样，平时不参与孩子的教育，偶尔与孩子交流态度简单粗暴，并且不尊重其他家人，这样孩子一方面会越来越不重视父亲在家庭中的地位，另一方面也会受到父亲恶劣品质的影响，不利于健康人格的塑造。

4. 不利于良好习惯的养成

5岁的天天非常聪明勇敢，因为他一直觉得自己是个小男子汉，所以，凡事都想跟爸爸一样。他看见爸爸不洗澡，他也不洗澡；爸爸熬夜很晚才睡，他也不按时上床；有时候，听到爸爸说一句脏话，他也立刻跟着学……天天的爸爸平时工作很忙，都是妈妈照顾天天，但天天却不愿意听妈妈的话，而当妈妈求助于爸爸，希望他能"管管天天"的时候，爸爸却又总以"带孩子就是你们女人的事"为理由拒绝帮忙。

孩子良好习惯的养成，与家长的教育有很大关系。尤其是对自控能力比较差，又不能明辨是非的幼儿来说，家长就是参照的榜样。案例中的天天是一个男孩子，本身就比较崇拜父亲，但父亲本身的习惯就不好，不能按时作息、不讲卫生、口吐脏话，而且又不愿意正确地引导和教育孩子，这都会成为孩子错误的榜样。即使天天的妈妈按正确的方式教育孩子，孩子也不能养成良好的习惯。

5. 不利于责任感的培养

冰冰的爸爸由于工作的原因会经常出差，一年 12 个月，出差的时间加起来有 8 个月，不过，不出差的时候，他的工作也比较少，会有大把的空闲。但是，即使在家的时候，爸爸也不愿意帮妈妈做家务，经常对着电脑打游戏或者玩手机，偶尔心血来潮会去看一眼冰冰的作业，但因为性格比较暴躁，只要发现作业中存在错误就会对冰冰发火，有几次还一气之下把冰冰的作业本撕了。

渐渐地，妈妈发觉冰冰越来越不听话了，爸爸出差的时候，他经常作业也不写，如果爸爸回来了，他就借一本同学的作业来应付爸爸。

在大多数的家庭当中，母亲经常是主要的服务者，照顾大家的饮食起居。而家庭中的其他成员，尤其是父亲的态度，经常会影响孩子责任心的培养。如果父亲愿意主动帮助母亲分担家务和其他事宜，就容易培养孩子的责任意识，反之，孩子就会觉得别人照顾自己是理所当然的。

在我们生活中经常会见到很多孩子，在家里，连穿衣、吃饭、上厕所等种种小事都需要别人帮忙，更不乐意主动参与家庭劳动；在学校里，不愿意完成老师布置的学习任务，觉得学习是为别人学的，不愿意参加集体活动，觉得跟自己无关……这些都是缺乏责任感的表现。

在现代家庭教育中，父亲应承担哪些教养职责

由于社会竞争日趋激烈，人们的生存压力越来越大，众多家庭中的父亲们开始抽离家庭生活，而在职场打拼，工作相对轻松的母亲则承担起了养育孩子和照顾家庭的重任。但对孩子来说，健康的成长既离不开母亲的

呵护，也离不开父亲的教诲，"父教"不仅有利于认同性别角色的发展，而且能够促进孩子的智力发展，有利于良好个性和积极情感的形成。所以，在现代家庭教育中，父亲也应承担相应的教养职责。

由于平时去幼儿园接送孩子和给孩子开家长会的家长大多数为女性，为了让爸爸们更关心孩子的成长、更了解孩子的状况，小太阳幼儿园在"父亲节"到来之前，萌发了举办一个"爸爸沙龙"的想法。经过前期的了解和与孩子家长们的沟通，"爸爸沙龙"的时间就定在了距离"父亲节"最近的一个周日的上午。

沙龙开始的时间原定为周日上午9：00，但8：55的时候才只到了3位父亲，9：10的时候还有15位父亲没到，经过各班老师的沟通，又有10位父亲在9：30之前赶到了，另有5位父亲表示自己实在太忙没法出席。

首先，幼儿园对出席的父亲们做了一项《亲子关系调查》，调查的内容包括"每天是否会抽时间陪孩子玩?""如果周末答应了陪孩子出游，临时有事，是否会丢下孩子去忙?"……调查的结果显示：只有36%的父亲了解孩子近期的情况；24%的父亲每天会抽出时间陪伴孩子；而表示"临时有事，会取消与孩子约定"的父亲比例高达84%。

幼儿园的第二项调查对象则是孩子们，老师请孩子们分别以"我希望爸爸……"的句式造句。有的孩子说："我希望爸爸周末能带我去动物园"；有的孩子说："我希望爸爸能做一顿饭给我和妈妈吃"；有的孩子说："我希望爸爸偶尔也能送我去幼儿园"；有的孩子说："我希望爸爸能给我讲故事"……

1. "父教"的优势：父爱无边，有利于孩子幸福成长

对孩子来说，母亲往往是细腻、温柔的，而父亲则是强大、可靠的，

完整的家庭教育应该是母性和父性结合起来的教育。生活中,由于经济压力以及传统观念的影响,大部分孩子所接受的家庭教育往往以母性的教育为主,这对孩子一生的发展都是十分不利的。

耶鲁大学曾经专门针对父亲的教育与孩子成长的关系做过一项研究,结果证明:与缺乏父亲教育的孩子相比,有父亲参与教育的孩子往往智商更高,更容易获得成功的人生。

（1）有助于良好个性的养成

与母亲相比,父亲往往更具有开朗、坚强、勇敢、坚定、独立、果断等个性特征,因此,在父亲培养和教育孩子的过程中,孩子潜移默化地便会受到父亲的熏陶,也会主动地模仿父亲的行为特征,在与他人相处时,他们的表现会更不退缩、更具有亲和力和同情心,并且更容易成为团队中的领导者和组织者。

（2）有利于积极情感的满足

父亲和母亲陪伴孩子的方式往往是不同的。母亲往往喜欢孩子比较安静,喜欢采用讲故事、唱儿歌、过家家等方式陪伴孩子,而且当孩子有大胆的举动时,出于安全的考虑,母亲经常会进行制止;父亲则完全是另外一种方式,他们更擅长通过踢足球等较为激烈的方式与孩子一起玩耍,讲故事的时候更喜欢采用比较夸张的方式调动孩子的兴趣,对孩子的大胆举动往往更加支持和鼓励。由于幼儿爱玩好动,他们往往更喜欢跟父亲一起玩耍。

（3）促进性别角色的认知

孩子对男女两性的最高认识往往来源于家庭,他们会认为女孩就应该像妈妈一样,男孩就应该像爸爸一样。如果家庭教育当中,父亲的角色缺失,不仅不利于男孩对同性的认同,而且也会影响女孩对异性的认知。

（4）更易促进智力的发展

虽然母亲和父亲都会有意无意地希望推动幼儿的智力发展,但由于采用的方式不同,所起到的作用也是有差别的。母亲往往会通过图书或周围环境教幼儿如何认识事物、思考问题；而父亲则喜欢通过一些需要动手的活动引起幼儿的探索意识、创新思维和动手能力，促进幼儿好奇心和求知欲的发展。可以说，母亲和父亲的这两种家庭教育方式，对孩子的智力发展都是不可缺少的。

2. "父教"的方法：耐心育儿，积极承担教养职责

实际上，父教的缺失不仅仅只是父亲"不作为"，也包括父亲的"不正确作为"。在我们的生活当中，很多父亲对子女寄予厚望，也愿意抽出时间教育孩子，但由于缺乏正确的教育理念和教育方法，而成为了家庭教育的"门外汉"。

（1）走近孩子，创造和谐的家庭氛围

孩子的教育问题，对有些家长来说是天大的难事，他们花费大量的人力、物力、财力却收不到应有的效果；对有些家长来说则是轻而易举的小事，教育孩子在他们眼里是极其自然的事情，达到的效果也十分理想。所以，家庭教育也应该讲究"巧劲儿"。而其中的第一步，就应该是创造一种适合孩子成长的和谐的家庭氛围。

虽然如今我们大部分的家长已经受过高等教育，对孩子的教育也有自己的理念，但仍然不乏有些父亲会有"男人就应该在外打拼，家里的事交给妻子"的观念，在家里他们也经常以功臣自居，对妻子缺乏应有的体贴和帮助，对孩子也不尽心教育和陪伴，这样的家庭氛围自然不利于孩子的成长。适应幼儿成长的家庭氛围应该是互相尊重、彼此体谅、互敬互爱的。

（2）亲近孩子，与孩子共享每一段时光

无论是从构建良好的亲子关系的角度，还是从促进儿童身心发展的角度来说，父亲都应该尽可能地拿出时间亲近孩子，珍惜与孩子共处的时光。通过亲子之间的互动，孩子不仅能够感受到来自父亲的关爱，而且能够收到父亲个性和思维方式的熏陶，促进认知等方面的发展。

（3）关心孩子，了解孩子的生理与心理

教育应该是以孩子为本的，父亲应该在平日的观察和与孩子相处的过程中，尽可能对孩子的身心状况有相当程度的了解。这样做，一方面有利于根据孩子的特点进行恰当的教育；另一方面有利于家长尽可能地发现孩子成长过程中的问题，并给予有效的引导和帮助。

（4）教育孩子，让孩子明白为人处世的原则

爱不应该是盲目的，伟大的爱应该是为孩子一生的长远发展考虑的。父亲对孩子的教育除了应该包括认知能力的培养和良好品质的塑造以外，还应该立足于日常生活，教给孩子为人处世的基本道理。

拓展游戏

亲子互动：带孩子参加亲子活动，让孩子享受到父亲的爱与陪伴

1. 我的宝宝在哪里

游戏准备

黑布条。

游戏玩法

每个家庭中由爸爸与孩子参加，让孩子们手拉手围成一个圆圈，爸爸用黑布条将自己眼睛蒙住，然后钻进圈内。孩子们一边唱歌，一边围绕着这位父亲转，歌曲唱完时立定，让蒙着黑布的爸爸来寻找自己的孩子。

游戏要求

在做这个游戏时，爸爸必须将眼睛蒙住，孩子不能发出声音（否则视为作弊），爸爸只能通过触摸的方式来加以辨别、寻找。

2. 我给爸爸穿鞋子

☼ 游戏玩法

　　每个家庭的父亲带着一个孩子参加游戏，游戏一开始先让孩子熟悉自己爸爸的鞋子，熟悉之后爸爸们脱下自己的鞋子集中放进老师事先画好的圆圈里，由老师来将鞋子的顺序随机打乱排放，这时孩子们参与进来，从圆圈里无秩序摆放的一堆鞋子里找到自己爸爸的那双，把它们取出来回到爸爸身边给爸爸穿上，谁先完成谁就是赢家。

3. 踩气球

☼ 游戏准备

　　气球。

☼ 游戏玩法

　　踩气球的游戏由每个家庭的父亲与孩子参与，老师以家庭为单位分发气球和绳子，每个家庭得到气球与绳子各一个，爸爸先把气球吹起来，然后用绳子绑在自己的脚腕上，然后背起自己的孩子去踩别人家的气球，同时努力保护自己家的气球不被别人踩破，游戏中，气球没保住的家庭即被淘汰出场，直到场上剩下最后一个家庭，成为此场游戏的胜利者。

4. 小脚踩大脚

☼ 游戏玩法

　　每个家庭由父亲带着孩子参加，游戏一开始孩子双脚站到爸爸脚上，爸爸拉紧自己的孩子保证他站稳不会掉下来，然后老师一声令下，爸爸们就集体像终点冲刺，谁先跑到终点谁就是冠军，在整个过程中，一旦孩子的双脚离开爸爸的脚背，这个家庭就被淘汰。

5. 揪尾巴

☀ 游戏准备

布条或其他材料制作的同规格的假尾巴。

☀ 游戏玩法

首先由每个家庭的爸爸把一条假尾巴粘在孩子屁股上，然后把孩子抱起来，老师宣布游戏开始后爸爸们就冲向人群去揪别家的尾巴，同时要防止自己家的尾巴被别人扯掉，尾巴被扯掉的家庭即被淘汰出局，看哪个家庭能撑到最后。

6. 两人三足

☀ 游戏准备

绑腿用的绳子。

☀ 游戏玩法

每个家庭由父亲带着孩子参加，老师给每个家庭分发一根绳子，爸爸与自家孩子站在一起，用这根绳子把爷俩相邻的腿紧紧绑在一起，确保游戏过程中不会松开，老师宣布开始后，父子俩一起向终点跑，先跑到终点的家庭胜出。

7. 推小车（幼中）

☀ 游戏玩法

推小车是个十分经典的游戏，规则也很简单，由爸爸抬起孩子的腿，孩子只能用双手着地，看起来像爸爸推着孩子这辆小车一样，游戏开始后孩子用双手撑地往前爬，爸爸抬着双腿在后面跟着，先冲到终点者即为赢家。

8. 可爱的袋鼠宝宝

☼ 游戏玩法

袋鼠宝宝是一个爬行游戏，每家由爸爸带着孩子参加，爸爸们听见开始信号后就用双手双脚爬着冲向终点，而孩子要搂紧自己老爸的脖子，把腿搭到爸爸腰上夹紧，保证自己在爸爸爬行过程中不掉下来。先到终点的家庭胜出。

9. 俯卧撑

☼ 游戏玩法

俯卧撑的游戏与袋鼠宝宝类似，都是孩子自己贴到爸爸身上由爸爸比赛，不同的是袋鼠宝宝贴在怀里爸爸往前爬，而这个游戏是孩子们趴到爸爸的背上同时爸爸们双手撑地比赛做俯卧撑，最后哪个家庭做的俯卧撑最多哪个家庭获胜。

10. 穿大鞋

☼ 游戏玩法

这个游戏同样由父亲带着孩子参加。孩子们站成一排，爸爸们把鞋子脱到自己孩子身边，然后走向场地另一边坐成一排。孩子们也把自己的鞋子脱下来放在身边，游戏开始后，孩子穿上爸爸的大鞋子冲到自家老爸身边，脱下大鞋子给老爸穿上，穿上鞋子的爸爸再抱起光脚的孩子跑回孩子的起点，给孩子穿上他们自己的小鞋。想要赢得这个游戏，孩子与爸爸必须配合得十分默契才行。

11. 棉花球

☀ 游戏准备

黑布条、棉球、玻璃珠、勺子、碗。

☀ 游戏玩法

爸爸带着孩子站在散落着很多棉花球的桌子前，爸爸和孩子面前各放一个空碗和一把勺子，孩子面前还有一个装满玻璃珠的碗，爸爸用黑布条把自己的眼睛蒙上。计时开始后爸爸负责把棉花球用勺子舀到空碗里，而孩子则把玻璃珠从一个碗中舀入另外的空碗。计时结束后将每个家庭的棉花球和玻璃珠相加，总数多者获胜。

12. 哪吒寻宝

☀ 游戏准备

纸团、纸篓、蓝色的皱纸或者布匹。

☀ 游戏玩法

哪吒寻宝游戏由一家三口共同参与。主办方先用蓝色皱纸或布匹做一片海浪，把装饰成宝贝模样的纸团分散地铺在海浪里，爸爸与妈妈分别站在海浪两边。游戏开始后爸爸抱着打扮成小哪吒的孩子跑到海浪边寻宝，哪吒每找到一件宝贝就扔向对面妈妈举着的纸篓里，游戏结束后哪家纸篓里有最多的宝贝哪家就是冠军家庭。

13. 袋鼠接力

☼ 游戏玩法

每个家庭由父亲带着孩子参加，把所有参赛家庭平均分成两组，两组的爸爸们跑接力赛，看哪组最先完成。在比赛过程中，孩子搂紧爸爸的脖子勾住爸爸的腰，像个小袋鼠一样紧紧贴在爸爸胸前，一旦掉落即被淘汰，而爸爸的双手也完全不能碰到孩子。

14. 我给爸爸穿衣服

☼ 游戏玩法

孩子们在跑道起点站成一排，爸爸们把衣服脱在自家孩子身边，然后走到跑道终点站成一排。游戏开始后，孩子拿着衣服往终点跑，到了之后把衣服穿到爸爸身上，然后穿好了衣服的爸爸背着自己的孩子跑回起点，先完成的家庭胜出。

15. 螃蟹夹球

☼ 游戏玩法

爸爸与孩子手拉手在起点站好，老师在两双拉着的手上放一个球，游戏开始后双方保持手拉手的姿势带着球迅速往终点冲刺，先到者为胜，球落地或者手松开都视为不合格。因为在这个游戏里每个家庭只能侧身横跑，像螃蟹一样，所以名字叫螃蟹夹球。

16. 快乐贴贴贴

游戏准备

绳子，贴画。

游戏玩法

这个游戏由两个家庭参加，每个家庭由父亲带着儿子出战。两个爸爸背靠背用绳子绑在一起，孩子们分别站在爸爸对面的固定位置上。游戏开始后俩爸爸互相角力使劲往自己孩子身边移动，当一方的父亲靠近自己的孩子时，孩子就往爸爸脸上贴贴画，游戏结束后哪个爸爸的脸上贴画最多哪个家庭就赢了。在游戏过程中孩子的位置是固定的不可以主动往爸爸身边移动，否则视为犯规，而且给爸爸贴贴画只能贴在脸上，贴到其他地方无效。

17. 小飞机

游戏玩法

每个家庭由爸爸带着孩子参加，孩子脸朝下由爸爸托起胸部，手臂在两侧平举，双腿夹住爸爸的腰，父子俩维持这个姿势向终点冲刺，先到的家庭胜出。

第二章

走出家庭教育误区，重塑父亲在家庭教育中的角色形象

重塑教育理念： 走出现代家庭教育的四种误区

家庭是社会的细胞，家庭教育是教育的基础。从呱呱落地起，孩子就会无可抗拒地接受家庭教育的渗透和影响。毫不夸张地说，家庭教育比学校教育和社会教育更能影响孩子的人格。

教育问题一直是家长们十分关注的问题，每个家长都希望把自己的孩子培养成才，让孩子赢在起跑线上。在现代社会，父母花在孩子身上的时间、精力和金钱比过去多得多，然而孩子普遍比过去娇纵难管，这是为什么？

据一项中科院的研究显示，大部分家长不懂得正确的家教，有2/3的家庭存在着一些普遍性的教育误区：代替成长、妨碍成长、控制成长、帮助成长。

1. 代替成长

代替成长，指孩子的成长由父母代替。无论生活与学业，父母全都一手包办，孩子什么都不用考虑，事事遵循父母的安排，高度依赖父母。然而一旦独立生活，孩子顿时崩溃：不知道如何生活，如何与人沟通，如何工作，如何恋爱。一旦他们的自我意识觉醒，就会批判父母为之所做的一切，甚至为了挑战父母而在重大的事情上胡乱选择。

有位愁苦的母亲去看心理医生，因为她的儿子二十多岁了，还是让她操碎了心。她儿子的生活可以说是一团糟，与同事关系不好，工作也没有业绩，对父母更是暴躁，与小时候的乖宝宝判若两人。这位母亲不知道这是怎么回事，也不知道该如何应对。

医生问她："你的孩子刷碗打破了一个碗，你是不是从此以后就不让他进厨房了？"母亲点头。

医生又问："你的孩子洗衣服溅了一身水，你是不是从此以后都不再让他洗了？"母亲又承认了。

医生再问："你儿子与同学吵架，你是不是跑到学校找老师解决了？"母亲有点愕然，还是承认了。

医生还问："你儿子大学毕业后，你是不是找了关系为他安排了工作？"母亲已经惊讶了。

最后，医生说："你把所有的事都替孩子做了，孩子什么也没有做过，所以，孩子就什么也不会做了。"

孩子的成长是一个不断发现、探求与解决问题的自我学习过程，在这个过程里孩子经历的每一种情况，得到的每一种体验和学习到的每一种解决问题的方法都将成为人生的重大财富，这个过程中无论是欢喜与悲苦，对孩子都有意义，父母只要站在一旁看着就好。一旦父母代替孩子去成长，孩子便失去了成长机会。

2. 妨碍成长

有些父母虽然没有代替孩子成长，但是在孩子成长过程中还是有过很多次妨碍。也许父母本身并没有意识到，妨碍就发生了。那么，我们来看一下什么样的行为会妨碍孩子的成长。

①事先把正确答案告诉孩子。孩子不需要探索与思考，只要记住标准答案，结果没有其他的选择，孩子失去了探索的习惯和创造性思维，危害不可谓不大。

②凡事只许成功，不许失败。为了避免失败的可能，父母毫不吝惜从旁协助。这种行为从当时看是帮了孩子，给孩子创造了更好的条件，从长远看却是夺走了孩子失败的权利，孩子长大后会无法面对挫折。

③完美主义，凡事要求尽善尽美。压力下长大的孩子精神负担很重，而且只能选择标准答案，没有独辟蹊径的权利。

④处处设限，用各种规矩与规则约束孩子。孩子的自由受到严格控制，性格会变得患得患失。

⑤父母说出的话就是圣旨，容不得孩子有不同的声音。家中没有言论的辩驳，孩子只能无条件服从，长大以后难免没有主见。

以上这些都会妨碍孩子的成长，希望家长能够注意到这些误区，并且做到有效避免它们的发生。

　　周末带着孩子去公园散步，公园里游人如织，百花盛开，很是热闹。爸爸指着眼前的花朵，跟宝宝说："宝宝，你看，这朵黄色的花好漂亮哦，它叫菊花，它的花瓣一条条的好多条，都往上弯呢。"抬头看见风筝，爸爸赶紧叫宝宝："宝宝你看，天上飞的那是风筝哦，那个风筝的形状是大蜈蚣，是橙色的……"

　　爸爸急不可耐的告诉宝宝这个那个，看起来是在教宝宝认识新东西，实际上却剥夺了宝宝自己观察的能力，也限制了孩子的自我探索。爸爸不如耐心一点等孩子自己观察，如果宝宝对什么东西表现出了明显的兴趣，或者宝宝主动开口的时候，爸爸再来回应，而且要多多询问，引导孩子自己观察和思考。比如宝宝看花看了一会儿了，爸爸问："宝宝你在看什么呢？这是什么颜色的？宝宝你闻闻有什么味道吗？"

3. 控制成长

现在，很多孩子上学的时候不愿意上学，到了恋爱的年纪，不会找对象，甚至结婚生子后，还要赖在父母家啃老，好像永远也长不大。父母们对这种情况抱怨连连，却没有办法改变。然而是什么原因造成这些孩子成长迟缓呢？

有个20岁的小伙子，高考发挥失利，他本来想选择一个普通大学去读书，以后再寻找发展机会，但是父母坚决不同意。父亲要儿子去外地复读，明年考个重点大学光宗耀祖，儿子只好照办。但是在离家之前，儿子控制不住自己的焦虑，因为这是他第一次离家独自生活。

此时母亲说儿子自理能力不行，想要跟着儿子去陪读。于是20岁的男生第一次独立生活的脚步，又被家庭束缚住了。

上面这个案例中的可怜的孩子，未来能不能独立，真令人担忧。一旦这个孩子到时间没长大，父母是不是要责备他不成器了。然而，家长们要是能想到孩子的现在，是由当初的束缚造成的，不知道他们是否愿意继续遥控孩子成长呢？

在孩子的成长过程中，父母对孩子的控制越少，孩子的自我探索空间越大，成长的速度越正常。反之，父母控制的越多，孩子在没有自由的环境里长大，越不容易成熟，就越会让父母操心。

4. 帮助成长

成长不易，孩子在成长的过程中总要接受家长的帮助。但是帮助太多，就会变成孩子成长的阻碍，但是很多父母都意识不到。

有些父母对孩子过度帮助，他们简直把自己的孩子永远当作婴儿对待：他们太在乎孩子吃多吃少，衣服穿多穿少；一旦孩子脸色不好，他们就没完没了的询问和关心；他们担心孩子被别人带坏，禁止孩子与"坏孩子"的交往；他们担心孩子的安全，阻碍孩子进行各种新的尝试……这些父母打着"为了你好"的旗号，毫不留情地剥夺孩子的个人空间，阻止他们经历冒险，把孩子培养成温室里的花朵。

这样长大的孩子，不能承担生活的负担，纯洁无瑕、循规蹈矩，进入社会以后简直格格不入。同伴觉得他们太幼稚，有什么事情都不愿意让他们参与。被排斥在外使他们感到茫然失措，无所适从，只好缩在乌龟壳里。

社会在发展，从前的教育也已经不适合现在的社会了。家长应该与时俱进，转变传统的教育观念，避免家庭教育的误区，让孩子健康快乐地成长。

爱他就请尊重他，不要把你的理想强加给孩子

著名的教育家陶行知先生曾说："不要让孩子成为人上人，不要让孩子成为人下人，也不要让孩子成为人外人，要让孩子成为人中人。"意思是说，教育孩子，目标是把他培养成一个心地平和、健康的平常人。

但是现实中，父母们习惯于望子成龙、望女成凤，都希望自己的孩子实现自己未实现的理想，成为"人上人"。在这种心理的操控下，父母在孩子幼时就给孩子报了各种兴趣班，唯恐孩子输在起跑线上，孩子长大后，又给孩子报了各种补习班，孩子考试成绩稍差，便暴跳如雷。据统计，现在国内83.9%的父母都认为孩子需要才艺培养，而80%的父母更是希望孩子不止学习一项才艺。

而对于父母们满腔热忱的付出，孩子们大多并不领情。孩子是独立的个体，有自己的思想和喜好。父母报班的时候都觉得是为孩子好，不爱征求或者参考孩子的意见。而孩子由于课业过重或者所学非所爱，学习起来也会非常痛苦，事倍功半，甚至激起逆反心理。曾经有个孩子因为不爱学琴，甚至威胁父母要把手砍了。

说起来，望子成龙并没有错，但是父母所选择的方式十分重要。许多父母喜欢按照自己的意愿支配孩子的未来，事事决定孩子的选择，在这样的环境下长大的孩子虽然可能学会很多技能，但往往牺牲了快乐和心理

健康。

世上没有不爱自己孩子的父母，父母们做的一切都是为了孩子拥有幸福的人生。在父母眼里，孩子长大之后首先要事业成功，赚很多钱，才更可能拥有幸福的人生，所以小时候多吃些苦用些功都是值得的。讽刺的是，家长们一边以孩子的幸福人生为终极目标，一边又无视孩子的情感，扼杀孩子童年的幸福。孩子每天背负着大人的期望，淹没在繁重而枯燥的学习中，失去了本该享受到的童年乐趣，他能健康地长大吗？父母对孩子过高的期望和厚重的爱未必可以获得孩子的理解，甚至可能造成悲剧。

李想是家长和老师眼中的好孩子，他学习很用功，把所有的时间都用在读书上，各科学习成绩都很好。他不逛街，不追星，不打游戏，没有其他孩子普遍拥有的"恶习"，甚至于假期里他都在课外培训班学习。

李想就像一台学习机器，除去吃饭、睡觉、上厕所，其他时间都在学习。他是家长和老师的骄傲，名副其实的优等生。

但就是这个人人称赞的李想，忽然有一天崩溃了，他把所有的书和学习材料全部撕碎，把象征着骄傲的荣誉证书当成垃圾扔掉。李想的父母急忙将他送进医院，然而诊断结果让人不敢接受：李想患上了严重的心理疾病。他由于背负着家长的期望，长期压力过大，精神紧张，心理防线在这一天崩溃了，不知道还能不能恢复。

这样的悲剧并不罕见，只要这种不注重孩子感受的家庭教育还在继续，类似的悲剧就不会停止。台湾著名漫画家蔡志忠先生曾讲过这样一个故事。

从前，有一棵小小的番茄秧，它在农夫的菜园里快乐地生长着。后来，周围的朋友们告诉它，只要它肯努力，它可以不只是一棵小小的番茄，它可以长得很高，结的果实像西瓜一样大，味道像香瓜一样甜，还像苹果一样有营养。小番茄秧相信了，从那以后它更加努力地吸取水分和养分，同时卖力地伸展身体以接收更多的阳光。日升月落，小番茄结果了，但是小番茄失望地发现，它的果实仍然只是小小的番茄。更糟糕的是，现在小番茄秧都不认识自己了，它逢人便说，自己是一棵苹果树。

蔡先生说，只要孩子快乐地做自己，健康地长大，其他都不重要。对孩子期望过高，强迫孩子追求力所不及的目标，会让孩子感到迷失，更会戕害他们的心灵。重视孩子的学习，这点没错，但是父母要注重方式，比如以身作则，孩子在潜移默化中自然会受到影响，和父母一起进步。如果父母给予孩子足够的信任、支持和鼓励，帮助孩子健康快乐地成长，那么孩子长大后，良好的心态和累积定可帮他胜出。

有一次和朋友一起吃饭，他跟我说他的儿子考试进步了三个名次。说起他的儿子毛毛，个子不高，学习不好，长得也不帅，但是朋友满脸满足地说："越来越聪明，越来越像我。"毛毛之前学习更差，做事没有自信，但是毛毛每次取得一个小进步，朋友都很开心地夸赞他、肯定他，慢慢地，毛毛就经常有进步了。

信任和尊重孩子，让孩子自己选择自己的道路，孩子更容易健康快乐地成长。

可爱的安娜是个好强的小姑娘，她总是要求自己样样都做到最好，但是她从小不爱运动，体育是她的弱项。有一次幼儿园举办运动比赛，安娜提前好几天就紧张得坐立不安。爸爸发现了，鼓励安娜说："宝贝，你已经很棒了，爸爸一直为你感到骄傲。你也不用事事都拿第一呀，那样的话别的小朋友就没有机会了。你只要尽力了，什么比赛成绩爸爸都很高兴"。在爸爸的鼓励下，安娜虽然没有得到冠军，但是也取得了不错的成绩，重要的是，安娜很轻松，不再紧张了。看到快乐健康的女儿，安娜的爸爸也十分高兴。

对孩子期望过高，将自己的理想强加给孩子，可能造成不好的后果，而一旦孩子因为压力过大出现问题，到时候家长再后悔也于事无补。所以，家长一定要尊重孩子的意愿，好好引导，给孩子一个宽松的成长环境，为他制订可以接受的目标，让孩子健康快乐地成长，这比什么都重要。

尊重孩子的个性发展，不要试图改变你的孩子

"唐宋八大家"之一柳宗元曾经写过一篇《种树郭橐驼传》，其中有这样一句话："能顺木之天以致其性焉尔。"意思是说：要尊重没艺术的本性，相信它有成为参天大树的实力。其实，教育孩子的道理也是这样的，我们应该尊重孩子的个性发展，促进其潜能的发挥。

晴晴的妈妈从怀孕的时候就希望能生一个乖巧懂事的女儿，晴晴一生下来，眼睛大大的，头发黑黑的，妈妈就非常喜欢。可是，没过多久，妈妈就发现晴晴太不像个小姑娘，太难带了。她醒着的时候就总爱乱动。妈妈想：等到长大一点，到两三岁就好了。谁知道晴晴越大越发淘气，小小年纪就会搞恶作剧，而且极具冒险精神，不让她动的东西，她偏要去摸一摸。时间一长，妈妈的耐心就所剩无几了，有几次都忍不住指责她："你说你怎么不能像别的小姑娘一样安静，妈妈真后悔生了你！"

不过，话说重了，妈妈也会后悔，有几次妈妈都反省，晴晴也不是没有优点，她那么勇敢，滑旱冰和游泳都是两次就学会了。

从上面这个案例中，我们不难看出尊重孩子的个性发展，具有以下几点深意。

第一点，要相信孩子没有坏个性。

由于遗传等因素的影响，婴儿自出生就已经具有了一定的个性，心理

学也称其为气质。所以，我们会发现有的孩子非常安静，而有的则喜欢哭闹。不管孩子表现出怎样的个性，家长都应该给予无条件的积极关注，而不要让孩子感觉到自己的个性不好。

第二点，不要试图改变孩子的个性。

只要相信了孩子没有坏个性，就应该接纳孩子表现出来的个性特征，而不是总试图按自己的希望强迫孩子改变。

第三点，尊重孩子的个性等于呵护他的自尊。

即使是年幼的儿童，在成长的过程中同样希望得到他人的尊重，而且这种获得尊重的需要与生理需要是一样强烈的。但由于受到所处年龄阶段的心智发展的限制，孩子有可能并不能清晰地将这种需要表达出来，因此，家长就应该主动尊重孩子的个性。

尊重孩子的个性发展具体到家庭教育的过程中应该做到以下几个方面。

1. 为孩子提供宽松的成长环境

作为与幼儿关系最密切的人，父母所提供的家庭教育不应该强行改变幼儿的个性，而应该为幼儿个性的发展提供广阔的空间。须知道，孩子最可宝贵的便是其天性。

如今，我们的父母，在家庭教育上面的投入不可谓不大，甚至可以说呕心沥血。而且，几乎每一位父母也都觉得自己非常爱孩子，现在的孩子简直是生在蜜罐里的。但事实真的如此吗？有可能也不尽然。很多父母所谓的爱，实质上就是不管孩子的实际情况，而一味要求孩子根据自己设定的道路发展，对孩子的生活横加干涉。即使是年幼的孩子，也是有自己的思想和感情的，长期被压抑只会让他们的个性和独立性被磨光。

爱孩子，就应该尊重孩子，平等地对待孩子。首先，应该倾听孩子的心声，了解孩子的兴趣和喜好；其次，应该给孩子锻炼和尝试的机会，并给予需要的鼓励和帮助；最后，应该尊重他们的个性，并进行合理的引导。

19世纪末，在布拉格一户普通的家庭中一个男孩降生了，原本男孩的父亲希望将他培养成一个刚毅勇敢、宁折不屈、雷厉风行的男子汉，但事实却令他非常失望。男孩不仅非常内向，而且也表现得十分敏感多疑，似乎周围的一切都令他不安、让他想要逃避。即便如此，男孩的父亲依然希望尽自己所能培养他，但事与愿违，男孩不仅没有如父亲所希望的——成为一个标准的男子汉，反而更加懦弱和退缩，一点小事也能让他伤心半天。

男孩的父亲想：究竟这个孩子可以做什么呢？元帅吗？一点可能也没有，军队那种严苛的环境他绝对受不了，说不定还会逃跑。从政吗？似乎希望也不大，他根本就没有一点从政所需的果断、坚毅、勇敢的特质。那么律师吗？律师需要跟人激烈地争辩，他如此内向懦弱，这对他不相当于巨大的折磨吗。医生也没有可能，他太犹疑了，不仅会害了自己，还会危及别人的生命……一番思考之后，男孩的父亲非常失望，决定放弃努力，让他"自生自灭"。

但任何人都想不到，就是这种内向、敏感、多思的性格，最后却使得男孩写出了无数伟大的文学作品。他以自己所承受的苦闷和压抑为源泉，描述对命运、人生的深刻体验，开创了一种全新的文学流派——意识流，写出了《审判》《变形记》等引人深思的著作，他就是西方现代派文学的宗师和探险者卡夫卡。

2. 正确处理孩子成长过程中的偶发事件

由于孩子是有灵性和个性的，所以，家庭教育的过程充满了不确定性。以尊重儿童个性为宗旨的家庭教育所应该追求的不是单纯的知识传授，而应该给孩子提供足够的探索空间，并正确处理孩子成长过程中的偶发事件，从不确定中寻找契机。

在美国的一所乡村小学里，数学老师正在教孩子们关于奇数和偶数的知识。关于"两个奇数之和有什么特点"这个问题，大多数孩子经过验证都发现了老师希望他们得到的结论：两个奇数的和是偶数。

这时，一个叫汤姆的小男孩突然站起来说："老师，我发现两个奇数的和有时候还是奇数。"汤姆的话让全班同学都觉得不可思议，老师也不理解，于是就问汤姆怎样得出的这个结论。汤姆回答说："我爸爸是一个人，是奇数；我妈妈也是一个人，还是奇数；他们俩结婚生下了我，我也是一个人，也是奇数啊！所以，两个奇数的和有时候还是奇数。"

听了汤姆的回答，数学老师不由自主地为他鼓起了掌，并且在下课之后，把课堂上发生的情况告诉了校长，校长也对汤姆的表现大为赞赏，特地在学校的升旗仪式上表扬了汤姆，并且把这一天定为"汤姆日"，鼓励孩子们向汤姆学习。

作为孩子的第一任老师，父母更应该理解孩子的行为，尊重孩子的个性，只有这样才能"顺导其意志"，实现教育的真正价值。

"我这样做是对的"与"我这么做都是为你好"

如今我们的家庭当中，随意体罚孩子的现象已经非常少见了，大部分家长已经能够认识到体罚对孩子造成的伤害是非常巨大的。而且，有越来越多的父母也已经意识到情感冷暴力的危害。所谓"情感冷暴力"，主要指的是家长以讽刺、挖苦、打击等方式对待孩子，让孩子受到心灵的折磨。而除了情感冷暴力，还有一种"情感软暴力"，也需要引起家长们的重视。

"情感软暴力"，落实在家庭教育当中即以爱的名义操控孩子。具体的表现方式有两种："我这样做是对的"和"我这么做都是为你好"，持有这两种思想的家长，会对孩子的学习、交友、情感等方面进行压迫，只要孩子的意见跟自己稍有不同，便会搬出这两座大山，希望孩子能够体会到自己的良苦用心。为人父母，时时处处为孩子着想本没有错，但殊不知，这种认为"我对""我为你好"型的教育方式最容易让孩子觉得压抑和窒息。

正在读初中一年级的东东在日记里这样写道：我的妈妈非常爱我，但我最近越来越受不了她了。有时候我在房间里看书，她每隔十分钟左右就会进来一次，进来也不敲门，不是打扫卫生，就是劝我认真学习，有时候还会趁我出去的时候乱翻我的东西。有一次，她进来打扫卫生，一边打扫一边唉声叹气，搞得我根本看不进书去，我跟她说如果觉得累的话，就先不要打扫了。谁知道，这句话竟然引起了她一堆唠叨，她说："妈妈这么累还不都是为了你吗？你看为了让你读书，我跟你爸爸不舍得吃、不舍得穿，被你愁得我们头发都白了一片了。"平时，她最经常说的话就是："我这么做都是为了你好！""等你大了，就明白我的良苦用心了！""你还小，妈妈说的不会错的！"

上面案例中的东东妈妈虽然是爱孩子，但却以爱之名，行占有之实；以爱之名，行要挟之实；以爱之名，行霸道之实。我们虽然没有必要事事都让孩子自己做决定，但不能以爱的名义操控孩子。我们应该尊重孩子、倾听孩子内心的声音，给予他智慧的爱。而所谓"智慧的爱"，最重要的一点就是家长不能把自己的意愿强加到孩子身上。

在一个家长沙龙里，几位家长正在谈论自己教育孩子的方法。

一位母亲说，8岁的女儿最近得了一种奇怪的病——一到周末去上英语辅导班之前她就会肚子疼。前几次她以为女儿的肠胃出了问题，急急忙忙地带她去医院，结果医生检查完说什么问题也没有。而且，女儿回到家以后能吃能玩，看上去跟没事人一样。可是，等又到了周末要去英语辅导班之前，这种"怪病"就跟定了闹钟一样又复发了，她一直想不出所以然来，直到女儿有一次放日记的抽屉忘记上锁她才知道原因。

女儿在日记里这样写道：一想到周末要去上英语辅导班我就觉得好烦啊！每个周一到周五我都要上学，放学以后就要上书法班和绘画班，好不容易到了周末我想休息一下、好好玩玩，妈妈还要让我上英语辅导班，真是太累了！为了能在家休息，我现在每周都装病，但是我的心里也很忐忑，因为妈妈总说她是为了我好，我怕她知道了难过。

一位父亲说："你女儿已经算好的了，为了让我女儿将来比人家优秀，我们省吃俭用给她买了一架昂贵的钢琴，并且给她请了家庭教师，每天晚上辅导她两个小时。为了她，我和她妈妈真是费尽心血，可是谁知道，她对弹钢琴一点兴趣也没有，不仅钢琴没学好，学习成绩也下降了。前两天，她还气呼呼地对我们说，如果我们再逼她学琴，她就把钢琴烧了！真是气死人了！"

其实，像上面案例中这样的情况，真正出问题的是孩子吗？之所以出现问题，是因为这些家长在不了解孩子兴趣和意愿的前提下就把自己的意愿强加给了孩子。他们自认为"上英语辅导班，可以让孩子不输在起跑线上，是为了孩子好！""让孩子学钢琴，可以让她有一技之长，这么做是对的！"但却恰恰没有问孩子愿不愿意、接不接受，完全忽视了孩子的自主性。

通过下面这则故事，或许能给这些家长们一些启发。

从前，英国的一位绅士请了两个仆人照顾自己的生活。绅士的眼光很好，挑选的这两个仆人既勤劳又尽心，不过，他们做事情的方式有些不同。

那个叫乔治的仆人很快就熟悉了主人的喜好，每次主人需要用餐的时候，他把食物和餐具摆好，就会静静地候在一边；主人外出散步的时候，他则跟主人保持适当的距离，安静地跟在主人的后面。而那个叫林顿的仆人同样很了解主人，他不仅知道主人的口味，还知道主人喜欢读什么样的书，主人需要用餐的时候，除了食物和餐具，林顿还会把他认为主人应该读的书也放在桌子上；而当主人想一个人散散步或者安静地读会儿书的时候，林顿也会在一旁时不时地问主人有什么需要，或者提醒主人应该干什么了。

时间一长，这位绅士觉得自己的生活都要完全被林顿操控了，实在不胜其烦，于是，就找理由把林顿辞退了，而可怜的林顿也不知道自己做错了什么。

很多父母就像案例中的林顿照顾主人那样对待自己的孩子，时间长了，也必然会两败俱伤。之所以父母们会采取这种错误的方式对待孩子，主要存在以下几个方面原因。

1. 不了解孩子，忽视孩子的自主性

孩子从出生就有了自主的需要，如果你观察儿童的游戏就会发现，几乎每个儿童都希望在游戏中能够领导别人，让别人尊重自己的意愿。而进入青春期以后，孩子的自主意识会更加强烈，有时他们甚至会故意做出一些很出格的举动以表现自己的自主性，而此时也往往正是孩子与父母冲突最多的时候。

2. 受传统观念的影响

在家庭教育当中，我们经常会听到父母对孩子说这样一句话："我是你爸爸（妈妈），你就应该听我的！"实际上，这句话背后反映的正是一种认为家长高高在上，孩子应该百分之百服从自己的观念。现代道德教育理论已经提倡破除这种错误的家长观念，而是要跟孩子朋友式的平等相处。

3. 认为孩子还小，什么都不懂

父母之所以抱有"我这样做是对的"和"我这么做都是为你好"的观念，就是因为他们认为孩子年龄小，什么都不懂，还没有能力自己做主，只有家长替他们做主，他们才能少走错路和弯路。实际上，即使孩子的年龄小，他们也已经表现出了自己的兴趣和需求，家长只有主动地了解自己的孩子，才能因势利导，在不伤害孩子自主性和兴趣点的前提下促进孩子的发展。

如何选择对孩子的爱：智慧的爱还是盲目的爱

父母对孩子的爱是本能，但更需要智慧。智慧的爱不需要为他提供过于优越的物质条件，也不需要事事替他代劳，让他躲避在温室里；智慧的爱应该尊重他的个性和自主性，培养他独立自强和坚韧不拔的品质，让他有能力经受挫折、品尝苦难，让他生命的潜力得到最大限度的发挥。

1. 你的爱会让孩子窒息吗

由于我国的独生子女家庭越来越多，父母们便将孩子视若珍宝一般呵护，希望他能不受任何挫折和伤害，希望他能样样比同龄人优秀，希望自己缺失的一切都能在他身上得到补偿。殊不知，有些爱却会让孩子觉得窒息。

（1）*以爱之名*

心理学家曾经概括了五种"爱的表达方式"，包括"服务的行动""礼物的馈赠""精心设计的时刻""身体的接触"和"肯定的言辞"。在我们向他人表达爱的时候，这几种方式可以单独使用，也可以混合使用。

就家长对待子女而言，明智的家长应该提早发现孩子能够接受的"爱的表达方式"，而不会造成一方面父母努力地付出，另一方面孩子却觉得窒息的尴尬局面。

有一个男孩，从小生活环境一直十分优越。虽然小学、中学他就读的都是重点学校，但却几乎不需要他费什么力气，因为，只要他考不上的话，家里就会花钱或托关系让他就读。高中的时候，他就读的也是当地最好的学校，不过高考的时候他却失利了，最后只能进入一所普通的专科学校就读。巨大的落差让他难以承受，他看不起学校里这些整天只知道窝在宿舍里打游戏的同学，但他也没有勇气退学复读。

读到第二年的时候，他已经出现了明显的抑郁症状。去接受心理咨询的时候，他说，他特别恨他的父母，是他们总是拿钱让他进好学校，他才一直没有机会努力读书。

(2) 对孩子的爱也有盲目的吗

虽然几乎所有父母都毫无疑问的是爱孩子的，但这种爱也可以分为两种：智慧的爱和盲目的爱。根据我国教育学家的调查，在我国家长当中超过93.5%的家长对孩子的爱都是存在问题的。

其中，盲目的爱的一种表现就是将自己的意愿强加给孩子，孩子的穿衣、吃饭、读书、交友等大小事情统统都要过问。孩子一降生，就帮他把一生都规划好。而另一种盲目的爱的表现是竭尽所能地溺爱孩子，无论物质、金钱，还是情感，不管孩子能不能接受、需不需要，就一股脑儿地压给孩子。

上面的家长往往会被自己这种"无私的爱"的精神感动，觉得自己把一切都给了孩子，孩子理应感恩戴德。但实际上，这种盲目的爱却恰恰是自私的，孩子不仅有可能不感恩，还容易责怪父母，甚至心生怨恨。

(3) 溺爱是一种软暴力

在澳大利亚有一所体育学校，学校为了培养孩子们坚强的意志和强健的体魄，即使在非常寒冷的时候，也会要求孩子们在上课和放学时穿短袖。于是，就经常可以看到一群穿着短袖的孩子抱着厚外套和书包，但旁边的家长双手空空也不帮忙。

以上这种教养孩子的方式，我们可以称之为"粗养"，这样的方式如果放在国内恐怕会受人诟病，觉得家长不爱孩子、不体贴和照顾孩子。实际上，这种给孩子接受挫折和品尝苦难的机会、不凡是替孩子大包大揽、不刻意为孩子制造舒适的环境的"粗养"，更有利于培养孩子的生命力，有利于其长远的发展。而国内的家长所擅长的溺爱孩子的方式，本质上并不是爱，而是一种软暴力。

2. 智慧的爱是怎样的

由于每一个孩子都是特别的，所以对孩子的爱不需要千篇一律，只要遵循基本的原则和规律，立足于孩子的自身情况，便能给予孩子智慧的爱。

（1）别阻挡孩子自立

在我国各地的中学和大学旁边往往有很多房子出租，其中的大部分租客就是一些陪读的家长。"陪读"应该是我国特有的现象，出现这种现象的主要原因就是：家长们担心孩子不能照顾自己的生活起居或者把控不好自己容易误入歧途，于是，家长们便排除万难前来为孩子服务和监督其成长。几年前，甚至有这样一篇新闻报道：一个在青岛上学的孩子因为想吃母亲做的馄饨，于是母亲不远万里从厦门坐飞机去给孩子送。

有一个叫倩倩的女孩，读大学之前绝对算"娇生惯养"，高中的时候因为住校，倩倩的妈妈甚至每天按时去学校给女儿洗头发。进入大学以后，倩倩的妈妈仍然想陪着倩倩，但倩倩觉得自己已经是成年人了，应该自立，于是就拒绝了母亲。后来，通过锻炼，她不仅完全可以照料自己的生活，甚至连一般女孩子觉得困难的修自行车她都能很快搞定。

（2）爱孩子的明智做法

①让他成为德智体美全面发展的人。当下的很多父母对孩子的培养经常仅仅限于"智"，有的家长也会兼顾"体"，但"德"和"美"却是家长们最容易忽视的方面。其实，要想让孩子在激烈的竞争当中生存，光有"智"是远远不够的，更应该着重培养其健全的人格和高尚的品德。

②让他经历挫折和磨难。

演员朱时茂的儿子小时候，朱时茂特别宠爱他。儿子喜欢打游戏，他就陪儿子在游戏厅待到儿子打够为止；儿子喜欢游泳，但是身体比较弱，一次游的时间不能太长，但为了让儿子高兴，朱时茂每次都瞒着妻子带儿子游泳，结果儿子的身体越来越弱，甚至小小年纪就离不开各种中药。朱时茂心疼之余，也开始反思自己，认识到溺爱儿子对他有害无益，朱时茂便狠心将只有9岁的儿子送到了国外。没想到几年之后，儿子的身体变得十分强壮，而且自理能力也非常强。

③为他们树立良好的榜样。刚出生的孩子就像一张白纸，而父母就像一个染缸一样，容易让孩子染上各种色彩。父母作为孩子的第一任老师，应该首先为他们树立良好的榜样，在他们身上涂上浓重的几笔，为他们多彩的人生奠定良好的基础。

3. 你会爱孩子吗

教师在走上教育岗位之前，需要了解相关的知识、接受正规的训练，走上教育岗位之后，还要不断地总结经验，吸取教训。作为孩子的第一任老师，父母也应该学会进行正确的家庭教育的方法。

（1）用爱的目光注视他

对年幼的孩子来说，他们的心灵是十分敏感而脆弱的。如果父母注视他的眼光里满是挑剔和不满，他会觉得痛苦和不安；而如果用爱的眼光注视他，他就会给你积极的回应。

（2）"421"家庭爱孩子的艺术

饭菜已经摆上桌，大家也已经在餐桌旁坐好了，但南南还在一边玩游戏。爸爸催促再三，南南还没有反应之后，爸爸生气地说："你就玩玩具吧，今天的晚饭你别吃了！饿死你正好……"谁知道话还没说完，奶奶就端着饭菜到南南旁边了，一边喂南南一边说："别怕，奶奶喂你，谁敢饿坏我的乖孙子，看我饶不了他。"

上面案例中的家庭便是在我国非常普遍的家庭——"421"家庭，即4个老人、一对父母和一个孩子的家庭。在这样的家庭当中，孩子就像宝贝一样被大家呵护，几乎是"衣来伸手饭来张口"，没有一点锻炼的机会。而且如果父母想对孩子严厉一点的话，老人就会横在中间袒护，彼此之间的教养方式难以达成共识。

对这样的家庭对待孩子的方式，笔者有以下几点建议。

①与孩子之间平等相处，但不放任孩子。

②对孩子合理的需求进行适度地满足。

③家长之间注意沟通，形成统一的教养方式。

④大人切勿在孩子面前"争宠"。

⑤家长不可以用物质收买孩子。

📎 **拓展游戏**

情感沟通：在亲子游戏中让父亲角色回归家庭教育

1. 0~1岁，和宝宝建立亲密关系

1岁以内的婴儿时期，是爸爸与孩子建立亲密的父子关系的重要时期。这个时候孩子的身体与精神飞速成长，对外界的刺激十分敏感。一个成功

的父亲在这个时期应当尽可能多地陪在宝宝身边，与他玩耍，给他依靠，让宝宝充分感知到你带给他的快乐满足和无可替代的安全感。

（1）特殊的按摩

☀ 游戏玩法

肌肤间的亲昵可以让宝宝更加爱你。爸爸可以经常用下巴或者脸颊刚蹭宝宝柔嫩的小脸蛋、小胸脯和小手、小脚丫，在进行这种特殊的按摩的同时，爸爸也不要忘了继续温柔的同宝宝说话。

☀ 宝宝的收获

爸爸的胡子扎在脸上刺刺的痒痒的，好新奇呀！

☀ 爸爸的收获

宝宝的皮肤真娇嫩，看着就想蹭，看他被胡子扎到的样子真可爱。

☀ 游戏小贴士

随时随地都可以玩的游戏，宝宝生下来就可以玩。

（2）蒙头"怪物"

☀ 游戏玩法

爸爸在宝宝身边叫宝宝名字，宝宝看过来的时候，爸爸突然拿被单蒙住脑袋，然后掀开和宝宝逗笑，一会儿再蒙住脑袋，再掀开和宝宝玩。

宝宝躺在床上。爸爸一边叫着宝宝的名字，引起宝宝的注意，一边靠近宝宝。在宝宝看着爸爸的时候，爸爸用被单蒙住脑袋，和宝宝逗笑。

☀ 宝宝的收获

爸爸太有意思了，跟爸爸玩真开心。

☀ 爸爸的收获

刚开始的宝宝很好奇的样子，一会儿就被我逗得大笑，我觉得他很爱跟我这样玩，我也很开心。

☀ 游戏小贴士

适合2个月以上，眼睛可以看清事物的宝宝玩。

（3）大肚子"青蛙"

☀ 游戏玩法

爸爸仰面躺下，把宝宝趴放在自己肚子上，使劲做深呼吸，像青蛙一样肚子一起一伏，使宝宝被动跟着浮动。

☀ 宝宝的收获

爸爸的肚肚好神奇啊，一上一下的真好玩儿。

☀ 爸爸的收获

宝宝好开心，我也得到了运动，一举两得啊！

☀ 游戏小贴士

适合4个月以上，能趴着抬头的宝宝玩。

2. 适合1~2岁宝宝的父子游戏

宝宝1岁多，已经开始蹒跚学步，是不是更好玩了？时间流逝，宝宝长得飞快，几乎一天一个样子，而且随着运动量的增加，小家伙已经不满足于跟妈妈温柔的互动了。每天下班回到家，小家伙都会扭着小身子过来找爸爸玩，甚至揪着爸爸的衣服不肯放手，这么有爱的举动，爸爸哪里拒绝得了呢。陪孩子玩耍的爸爸，何时都不觉得累！

（1）荡秋千

游戏玩法

爸爸两手抓住宝宝的腋下，从背后轻轻把他举起来，然后往后晃过去，再往前举起来，循环往复，像荡秋千一样。还可以一边摇晃，一边数数给宝宝听，一下，两下……

宝宝的收获

爸爸真强壮啊，在爸爸身上就可以荡秋千了，爸爸一定是超人！

爸爸的收获

胳膊有点酸，可是宝宝好开心啊。以后得经常玩，让别人赞赏的眼光落在肱二头肌先生身上。

（2）拦路虎

游戏玩法

宝宝走路的时候，爸爸突然挡在宝宝面前，宝宝绕路走，爸爸再挡过去，而且，爸爸随时可以把宝宝抱起来，扎扎小脸再放行。有的时候爸爸也要装作反应不及，被宝宝冲了过去，大家有输有赢，游戏才更好玩。

宝宝的收获

咦，爸爸为什么挡了我的路？哈哈，爸爸没挡住哦！跟爸爸玩，总是那么开心。

爸爸的收获

宝宝跌跌撞撞的样子和开心大笑的样子真是怎么也看不够。

（3）跷跷板

游戏玩法

爸爸在椅子上坐好，把宝宝面向自己放在小腿上，然后保持两腿伸直的姿势将腿缓缓向上抬起，在慢慢落下，再抬起，向跷跷板一样上下带着宝宝运动。

☼ 宝宝的收获

有肉垫有温度的跷跷板，我是独一份哦！

☼ 爸爸的收获

运动量更大了，嗨，腹肌先生，你看见我家宝宝高兴的样子了么，是不是很赞，想要经常看的话你得再强壮一点儿。

（4）坐飞机

☼ 游戏玩法

爸爸把宝宝举起来，让他骑到自己肩膀上，抓住宝宝的手帮他坐稳，然后前后左右轻轻跑动几步，一边跟宝宝说飞机起飞了，宝宝坐稳了，玩完了慢慢蹲下来，跟宝宝说飞机降落了，宝宝离开吧，一边把宝宝抱下来。

☼ 宝宝的收获

飞机好高哦，在飞机上看得真远啊，飞机座椅真舒服啊，跟爸爸玩总是不缺惊喜！

☼ 爸爸的收获

驮着宝宝就像驮着整个世界，我怎么那么爱你。

爸爸通常是一个家庭的脊梁，在家庭中扮演保护者的角色，孩子在与爸爸相处的过程中，潜移默化地生成了坚强勇敢、独立自主等父亲身上的品质。而且，与女性角色偏于控制和溺爱的陪伴不同，父亲在陪伴孩子的过程中更多地表现了平等宽容的姿态，给孩子更多的自主选择和思考空间，这样孩子在与别人交往的时候，对人宽容平和，对己自信果敢，因而更受欢迎。

有些爸爸推托工作忙，没有给予孩子慷慨的陪伴，其根本原因是这些爸爸没有意识到跟孩子玩耍是多么幸福的情趣，而是把陪伴孩子当成了负担和责任。其实只要摆正心态，放松心情，哪怕上班之前和下班之后的零星时间里时常亲亲、抱抱孩子，随意玩耍一会儿，享受到了其中的乐趣，就不会觉得没有时间和精力了。

3. 适合2~3岁宝宝的父子游戏

到了2岁以后，宝宝的身体更加结实，精力旺盛，从早到晚只要睁着眼睛就不闲着，并且开始有了自己的想法和性格。这个时候再跟宝宝像从前那般玩，爸爸们可能有些吃不消了，不仅身体累，精神上也更加需要用脑才能满足宝宝随身心成长的胃口。尽管如此，爸爸们还是可以发现更多的乐趣，因为游戏的时候，宝宝会给你更多的互动和回馈，而且宝宝脑子里很多新奇古怪的想法也让爸爸们欲罢不能。所以对于这个时期的孩子，爸爸们要调整跟宝宝的相处，跟宝宝玩更适合这个时期的游戏了。

☀ 游戏小贴士

如果爸爸体力充沛，可以玩什么？

爸爸体力充沛、精神十足的时候，可以和宝宝玩运动量大的游戏，比如枕头大战、沙发蹦床和考拉游戏。

（1）枕头大战

☀ 游戏玩法

这是个父子俩在床上玩的游戏，起床后玩最合适不过了。爸爸与宝宝各拿一个松软舒适的枕头，爸爸把枕头放在肚子上站好，宝宝把枕头顶在头上向爸爸的肚子狠狠地冲过来，看看能不能将爸爸冲倒。如果爸爸没倒，宝宝再退回去发动再一次冲锋。当然，游戏的时候还是互有输赢才更有意思，爸爸适时让宝宝赢两次，宝宝会更愿意玩。

☀ 宝宝的收获

我真的长大了，连爸爸都能冲倒了，我是小超人喽。

☀ 爸爸的收获

跟宝宝怎么都玩不够，宝宝又强壮又开心，我也好高兴。

（2）沙发蹦床

☀ 游戏玩法

爸爸双手扶着宝宝腋下，让宝宝面对自己站在沙发上，然后把宝宝高高举起来再轻轻放下，放下的时候让宝宝双腿弯曲下蹲，举起来时让宝宝蹬直双腿，这样一上一下借助沙发的弹性玩蹦床游戏，玩累了直接在沙发上休息。

☀ 宝宝的收获

原来家里也能玩蹦床啊，爸爸是魔术师哦！

☀ 爸爸的收获

肱二头肌先生长进了，更进一步就更好了。

（3）像考拉一样

☀ 游戏玩法

爸爸站好不动，宝宝面对爸爸坐在爸爸的一只脚背上，双手搂紧爸爸的大腿，双腿缠住爸爸的小腿，把自己箍在爸爸身上，之后爸爸就带着这个甩不掉的小考拉走来走去。玩一会儿还可以让宝宝抱另一条腿继续玩。

☀ 宝宝的收获

爸爸的腿好粗壮，抱起来感觉到满满的力量。

爸爸的收获

现在轮到股四头肌先生了，跟宝宝玩耍全身都能得到锻炼啊，看到宝宝的笑脸和对我的依赖，感觉人生有了更多的意义。

游戏小贴士

和越来越大的宝宝玩耍，需要投入越来越多的精力与体力，有的时候爸爸会感觉力不从心，但是面对着宝宝满满的期待又不忍拒绝，这个时候就需要玩些新的游戏，新游戏必须同时兼顾到爸爸的体力与宝宝的兴趣，既不让宝宝扫兴，又不使爸爸太累，比如下面介绍的投篮游戏。

（4）比赛投篮

游戏玩法

事先准备一个圆形无底的容器，固定在门或者墙面上比宝宝高一截的位置上充当篮球筐，再用报纸团些纸团或者把袜子卷成一团充当篮球，爸爸与宝宝站在离篮筐一定距离的界线之外往"篮筐"里投掷"篮球"。谁的命中率高谁赢。

宝宝的收获

家里又有篮球场了，我是运动健将哦。

爸爸的收获

轻轻松松就可以与宝宝愉快地玩耍，而且宝宝投篮时专注的样子，看起来魅力四射。

4. 适合3~6岁宝宝的父子游戏

宝宝3岁了，精力还是那么旺盛，体力变得更强，说话做事也开始思考的更多。宝宝想要更强烈更刺激的游戏了，爸爸必须承担这个责任，温柔小心的妈妈可满足不了孩子的愿望。

（1）转椅子

☀ 写给爸爸

在转椅子这个游戏里，爸爸不需要太多体力，而这个游戏的快速刺激又能满足宝宝的需求，锻炼宝宝的平衡感。游戏所需的条件也非常简单，一把轻松转动的转椅就够了。

☀ 爸爸体力

★

☀ 游戏玩法

爸爸先坐在转椅上转两圈试试，确保转椅灵活而且转动过程中不会磕碰到其他东西，准备完成之后双手伸到宝宝腋下，面对面把宝宝举起来站到自己的大腿上，扶稳宝宝，转动座椅，可以转的很快，也可以转的一会儿快一会儿慢，或者转几圈突然扭转方向，只要爸爸和宝宝都开心就行。

（2）翻跟斗

☀ 写给爸爸

翻跟斗对宝宝来说比转椅更加刺激，对宝宝的平衡感要求更强，这个游戏使爸爸与宝宝有更多的身体接触，增加父子感情，而且不需要其他器具，在床上就很适合。

☀ 爸爸体力

★★

☀ 游戏玩法

爸爸平躺在床上或地毯上，孩子的脸趴在爸爸小肚子上，身体贴在爸爸腿上，爸爸双腿上抬，双脚猛然往上一蹬，宝宝就在被爸爸掀到空中翻了一个跟斗落下来，爸爸双手把宝宝接住，宝宝哈哈大笑。如果爸爸体力允许，还可以加快速度，让宝宝觉得更加刺激。

（3）登山

✸ 写给爸爸

爬山是个运动量比较大的活动，在家里，高大的爸爸就像一座山，如果把爸爸的身体当作高山来攀爬，宝宝能爬到多高呢，能不能爬到山顶？玩这个游戏的时候，爸爸可一定得站稳了，还得穿身结实的衣服才行。

✸ 爸爸体力

★★★

✸ 游戏玩法

爸爸稍微弯一下膝盖站好，跟宝宝说可以爬山了。宝宝手脚并用，踩着爸爸的脚背抱着爸爸的大腿往腰背上攀爬，最后宝宝的胳膊搂住爸爸的脖子就算登顶了。游戏过程中爸爸可以时不时地抖动一下身体转个圈圈，给宝宝增加难度。

（4）荡秋千

✸ 写给爸爸

在这个游戏里爸爸、妈妈都要参与进来了，这样玩起来十分方便，只要是一家人一起散步时就能玩。只是这个游戏又要麻烦肱二头肌先生了，如果妈妈的力气不够，也可以双手一起来。

✸ 爸爸体力

★★★★

✸ 游戏玩法

一家人手拉手并列成一排走路，宝宝走在家长中间。爸爸、妈妈同时用胳膊向上使力，把宝宝提起来，同时随着走路节奏，爸爸、妈妈一起将宝宝往前后摆动。宝宝双腿微蜷悬在空中，随着爸爸、妈妈的走动身体被前后摆，像荡秋千一样。

（5）大转轮

☀ **写给爸爸**

大转轮游戏对爸爸的体力要求更高，也需要一个相对空旷的场地，而且玩的久了爸爸也会头晕，所以尽管刺激，这个游戏还是玩的时间短一点比较好。

☀ **爸爸体力**

★★★★★

☀ **游戏玩法**

在比较空旷的场地，比如空房间或者草坪，爸爸和宝宝面对面手拉手站好，然后爸爸迅速在原地转圈，同时把孩子举起来，孩子就像小卫星一样在爸爸周围自动地公转了。如果爸爸转的够快，那孩子的公转围着爸爸的自转就变成惯性下的运动了，爸爸只要拉紧宝宝不让他飞出去就好了。

注："★"的多少代表爸爸体力的大小。

第三章

架起父亲与孩子情感沟通的桥梁，实现亲子心灵对话

尊重是沟通的前提：蹲下来与孩子平等交流

在现代家庭教育中，日常的亲子对话通常是家长一直在做主导。无论是向孩子传授生活道理，还是辅导孩子学习功课，大多数家长都是自己在一边滔滔不绝、自说自话，而实际上孩子并没有从中汲取到太多的知识和经验。显然，这样的亲子沟通并没有多大的成效。

在《爸爸去哪儿》的节目中，林志颖与儿子的沟通方式受到许多年轻家长的欢迎。事实上，台湾的家庭教育比较注重亲子间的互动沟通，教育观念也比大陆更为精细。林志颖每次在跟儿子 Kimi（人名）讲话时，都会蹲下身子平视儿子，让 Kimi 与自己处于一个平等对话的地位。尽管这只是一个小小的细节，但这却体现出了父亲对儿子的尊重。作为父亲，只有尊重孩子，才能真正走进孩子的内心，与孩子实现心灵对话。

然而，在大陆的家庭教育环境中，孩子似乎并没有感受到这种平等与尊重的沟通氛围。相反地，家长制、一言堂风气盛行于许多家庭中。在这些专制型家庭里，父亲是绝对的权威，是独裁统治者，他们要求孩子绝对服从自己的意志和想法，时常以命令式的口吻约束孩子的言行、限制孩子的自由、否定孩子的想法。孩子长期生活在这样的环境中，变得更加沉默、懦弱、缺乏主见，甚至变得叛逆，最终导致一些难以预料的家庭悲剧……

对于孩子来说，他们渴望得到父亲的关注和重视。而父亲如果能给予孩子更多的尊重和信任，孩子往往就会释放出更多的潜能。从另一个方面来说，父亲是孩子最好的榜样，父亲在家庭中的形象对孩子的成长产生直接的影响。你以怎样的态度与孩子沟通，孩子就会以怎样的态度与他人沟通。而不被尊重的孩子也往往很难学会尊重他人。

因此，父亲在与孩子进行交流和沟通时，应该关注孩子的内心世界，学会尊重和信任孩子，并且要让孩子知道你是爱他的，这样才有利于增进父亲与孩子之间的情感，真正地实现心灵沟通。

场景一：婷婷妈与孩子沟通的态度

一天婷婷放学回家后，对爸爸说："爸爸，我明天不想上学了。"婷婷爸正在看一则有趣的新闻，并没有注意到婷婷说的话，只是简单地答应了一句。

婷婷看到爸爸的态度之后，低下头情绪低落地走进了自己的房间，并重重地关上了房间的门。这时婷婷爸才意识到女儿情绪似乎不太对，于是赶忙跑到婷婷的房间去询问情况。

婷婷委屈地说道："今天张老师当着同学们的面批评我了。"

"你是不是今天做错什么事了？"在厨房做饭的婷婷妈听到婷婷的话之后跑出来问婷婷。

"不是我的错，是老师的错。"婷婷这样冲婷婷妈喊道。

"那你说说老师怎么错了？"婷婷妈生气地说。

婷婷爸看到女儿与妻子之间即将爆发一场大战，赶紧将妻子劝回厨房做饭，并且跟婷婷妈说："婷婷就交给我好了，你不用管了。"

"你就光知道惯着她。"婷婷听到后悄悄地在背后吐舌头，表达自己对妈妈的抗议。

场景二：婷婷爸与孩子沟通的态度

"婷婷，你跟爸爸说说，到底是怎么回事？"婷婷爸轻柔地问道。

"如果我说了，你会不会跟老师一样不讲道理。"婷婷犹豫道。

"当然不会啦，爸爸是永远支持你的。"

"今天上课的时候，我看见前面同学身上落上了一只小虫子，于是我就站起来帮她把虫子拿掉，而张老师却说我故意扰乱课堂秩序，还当场批评了我。"婷婷委屈地说。

说完后，婷婷认真地看着婷婷爸，似乎想从爸爸这里获得信任。

"宝贝，爸爸非常清楚你现在的感觉，因为爸爸上学的时候也被老师冤枉过，有一次考试的时候，爸爸向同学借橡皮，老师却认为我在作弊，就因为这个我那门课被判了零分，我也失去了'三好学生'的称号。"

"真的吗？爸爸，您也遇到过这样的事情啊？"

之后，婷婷爸与婷婷进行了更加深入地交流，婷婷认为有人能够理解她，也更加愿意向爸爸倾诉自己的感受。

最后婷婷爸说："你以后再做这样的事情的时候，先跟老师说一声，这样老师就不会误会你了。"婷婷终于高兴地点了点头。

从上面的案例就可以看出，婷婷爸与婷婷妈在与婷婷进行沟通的时候采用了不同的态度，婷婷妈一开始没有给予孩子信任，首先将老师对孩子的批评归咎为孩子犯了错；但是婷婷爸采取了一种截然相反的态度，首先给予了孩子尊重，引导孩子清楚地叙述具体的事件，在孩子感到委屈时，婷婷爸又主动讲述自己小时候被误会的事，引起婷婷的兴趣，与孩子进行了更深入地沟通，在谈话中帮助孩子解决了问题。

两者比较的话，肯定是婷婷爸的沟通方式更能得到孩子的认可，因此，要与孩子进行有效地沟通，真正了解孩子的内心世界，就要学会尊重孩子。那么应该如何做到这一点呢？笔者为此总结了以下几点。

1. 学会倾听

要做到在沟通中尊重孩子，首先要学会倾听孩子的心里话，只有了解了孩子的内心世界，知道他们真正想什么，关注什么，有什么需求，你的沟通才会有效，才能给予孩子真正的帮助和关心。当孩子与你一起分享一些高兴的事情的时候，你应该表现出很开心的样子。比如孩子在学校里受到老师表扬，回来之后兴高采烈地跟你分享快乐，你可以这样说："嗯，宝贝真棒，爸爸也替你感到高兴。"

当孩子与你分享的话题你不感兴趣时，你也不要不耐烦，要耐着性子，表示你正在关注他的谈话内容，可以时不时用一些词汇，比如说"是吗""嗯""然后呢"等，表明你正在认真倾听，也能够使孩子更有倾诉欲望，有时可能会让你收到意想不到的效果。

2. 创造和谐的沟通氛围

和谐的沟通氛围更能激起孩子的沟通欲望。因此在与孩子进行沟通的时候要选择一个最佳的沟通环境，这本身也是对孩子的一种尊重。可以在与孩子一起散步、听音乐会、参观画展、去逛街的时候，与孩子进行沟通，可以将路上的一辆车、一棵树、路人的穿着打扮、一段音乐、一幅画作为谈话的素材，进入孩子的内心世界，了解孩子的真实想法，传授给孩子一些人生道理和经验，帮助孩子解决实际问题。

3. 尊重孩子的话语权，鼓励孩子发表意见

在与孩子沟通的过程中，要尊重孩子充分的话语权，鼓励孩子发表自己的意见。不管孩子在说什么，你都要认真地听他把话说完。有时候经常会出现这种情况，孩子在外面受了委屈，回到家里向父母倾诉，想要得到父母的信任，但是许多父母还没听完孩子的话就误认为是孩子的错，并向孩子大发脾气，结果使孩子更加委屈。因此，父母首先应该给孩子一个说话的机会，切记在没完全了解事情真相的情况下就乱发脾气。

如果你们在讨论一些家事，不妨也让孩子参与其中，虽然他的意见可

能没有多大的作用，但是让孩子感受到自己在家庭中的重要性，感受到自己被尊重，他们也会学会尊重长辈。

4. 保护孩子的隐私

有时候家长之间或者家长与老师之间进行谈话的时候经常会提到孩子的缺点，比如说"今天受到老师的批评了""昨天晚上尿床了"这样的话，虽然父母这样说可能觉得没什么，但是要知道孩子也是有自尊心的，有的孩子听到这样的话会觉得不好意思，有的甚至会产生怨恨的情绪。如果让孩子感觉到你这是对他的一种不尊重，他就会自动启动保护机制，你与他沟通就会变得越来越难了。

因此家长要学会尊重孩子，保护他们的隐私。这样孩子才会把你当作真心朋友，你与孩子才会进行更有效的沟通。

5. 多赞美，少批评

不知道作为家长的你有没有意识到这样一个问题，你有时候就是随口说出来的一句话，也会对孩子幼小的心灵产生重要的影响。"你怎么越大越不听话了？""你看人家×××？""我告诉你，你最好赶紧……"诸如此类的话不胜枚举，这样的话不仅没有对孩子起到良好的教育作用，反而使孩子产生了逆反心理。

但是对孩子进行一些恰到好处的赞美和欣赏就不一样了，你的赞美和欣赏就是对孩子的一种认可，不仅体现了对孩子的一种尊重，而且还会增强孩子的自信，促进家长与孩子之间的沟通。因此家长要学会了解、欣赏、赞美、认可孩子。

总之，在与孩子进行沟通的时候，首先应该学会尊重他们，让孩子知道自己与父母处在同一个沟通地位，这样他们才愿意与你做朋友，实现两代人真正意义上的沟通。

鼓励和支持孩子，站在孩子的立场进行沟通

心理学研究表明，当孩子处在 0 ~ 3 岁的阶段时，需要的是无条件的接纳和足够的安全感，这些需求母亲可以满足；但是当孩子长到 4 岁以后，在帮助孩子树立自信心，获得提高等方面，父亲起到的作用要远远胜过母亲。

通常情况下，父亲对待孩子的教育方式和态度会与母亲截然不同。母亲更多的可能会是去关爱和保护孩子，帮助孩子远离危险的事物。而父亲就不一样了，他们会带着孩子去冒险、去探索、去尝试一些以前从未做过的事情。这样，孩子在与父亲冒险、探索、玩游戏的同时，不仅学会了解决问题的方法，而且增强了自信心，提高了自我认同感。

而且，当孩子与父亲在一起的时候，孩子会更有安全感，在人际关系中也能与他人友好相处，真诚坦率。一般来说，经常与父亲待在一起的孩子社交能力和对环境的适应能力都比较强。因此，父亲要经常鼓励和支持孩子，站在孩子的立场上进行沟通，帮助他们慢慢成长为一个小小的"男子汉"。

孩子的成长是一个漫长的过程，在这个过程中，孩子可能会取得成功，也可能会遭遇失败，甚至也会产生一些不切实际的幻想。孩子在遇到困难和挫折时，其实更需要爸爸的鼓励和支持。因此，这个时候，父亲千万不要泼冷水，而是要学会站在孩子的立场和角度与之沟通，给孩子打气鼓劲儿，有效调节孩子的情绪和心理状态。

有一天，鹏鹏一脸喜悦地回到家里，冲着爸爸喊道："爸爸，我们今天考数学了。"

"哦，是吗，这次考了多少分？"

"82 分，比上次进步了 10 分呢。"鹏鹏得意地说道。

"嗯，是比上次进步了。对了，你知道邻居家洋洋考了多少分吗？"

"好像是 90 多分。"鹏鹏有点不高兴地回答。

但是爸爸似乎没有察觉到孩子的情绪，只是接着说："你怎么经常不如人家，你平时用点心行吗？"

"你凭什么说我不用心，我这次数学考试比上次提高了 10 分，连老师都说我进步很大，但你总是不满意。"鹏鹏生气地说道。

"我这么说不是为你好吗？你怎么这么不懂事。你看看人家洋洋，每次都考得比你好，你也不知道自己争点气。"

"我怎么不争气了？你是不是觉得我考得不如人家好就给你丢人了？人家那么好，你干脆给人家当爸爸好了。"说完气冲冲地跑回自己的房间，"砰"的一声关上了门。

其实类似的情况很多爸爸都碰到过，前一秒两人还在很正常的对话，结果后一秒就因为某一件小事吵了起来。遇到这样的情况，很多爸爸都在思考，为什么孩子这么不理解父亲的苦心呢？为什么与孩子沟通就这么难呢？要说这是孩子的问题吗？当然不是。

父亲要与孩子进行良好的沟通，学会换位思考很重要，要多鼓励和支持孩子，多站在他们的角度去思考问题。站在孩子的立场上进行沟通，能够真正走进孩子的内心，理解他们的心理感受，了解他们的所思、所想，这样才能让沟通变得更加流畅和有效。

比如在前面的情境中，当父亲在听到儿子"爸爸，我们今天考数学了"的时候，结合儿子那样兴奋的表情，就可以这样对儿子说："是吗，让爸爸猜猜，你这次考得一定比上次好，是不是？"这时候孩子就会很自豪地告诉你"82 分，比上次进步了 10 分呢"。然后爸爸应该说："进步 10 分呢，太厉害啦，我就说嘛你很有潜力，爸爸相信你下次还会有进步的。"这样孩子听到父亲的鼓励后一定会很高兴，那么父亲就可以与孩子进行更深入地沟通了，比如说，告诉孩子就算取得进步也不能骄傲自满，要学会谦虚，还要向其他优秀的同学学习。

当孩子取得进步时，父亲一定要学会与孩子一起分享快乐，给予孩子一定的鼓励和表扬，让孩子在快乐中收获自信。这样不仅可以使父亲与孩子之间的关系更加密切，而且还能鼓励孩子更加努力地学习。

当孩子遇到困难和挫折的时候，要及时给予支持和安慰，而不是数落孩子，这样才能帮孩子重新建立自信。当孩子情绪不高时，不要埋怨和唠叨，要注意引导孩子主动倾诉烦恼和痛苦，帮助孩子解决成长道路上的难题。如果父亲经常这样做，孩子就会从心里接受你，会把你当作朋友和伙伴，会主动与你沟通，认真听取你的建议。

鼓励和支持孩子，站在孩子的立场上进行沟通，是进行有效沟通的一种重要方法。不仅能够减少父亲与孩子之间的猜疑，消除对话过程中的摩擦，还能够增进父亲与孩子之间的相互了解，促进沟通的顺利进行。

虽然许多父亲认为自己是最了解孩子的，但是如何站在孩子的立场上来进行沟通，却不是各位老爸擅长的。要想站在孩子的立场上来看待和解释问题，就应该多与孩子在一起进行交流，站在他们的角度，了解和熟悉他们。

1. 要对孩子有耐心

由于工作忙，许多父亲没有过多的时间与孩子进行沟通，在与孩子讲话的过程中，常常没有听完孩子的话就着急表达自己的意见，而且希望孩子按照自己的话做，最好不要有异议。这样做虽然比较节省时间，但是长此以往，孩子就会感觉到很难与父亲进行沟通，两代人之间的代沟就会越来越深。

站在孩子的立场上来思考，如果你说话的时候，你父亲是不耐烦的态度，那你就很难有倾诉欲望了。因此在与孩子进行沟通的时候要有耐心，不但要认真听完孩子的话，还要及时给予反馈，表示正在听或者正在思考他说的问题。同时你要从孩子的角度来理解他们要表达的意思，以便真的帮到他们。

2. 注意体会孩子的感受

孩子在外面受了委屈，或者与好朋友闹了矛盾，或者失去了自己最心爱的玩具，都会难过上半天。这时候父亲给予及时的关心和安慰就显得尤为重要。但是你如果仅仅告诉他"没关系，你应该坚强一点""没事了，你应该高兴一点，这没什么大不了的"等这样的话，孩子就会觉得你一点都不理解他，不能体会到他内心的真实感受。

因此，要想真正理解他们，走进他们的内心世界，体会他们的感受，你就应该站在他们的立场上来看待问题，如果碰到上面的情况，你可以这样说："很伤心是不是，要是我是你的话，也一定会这样伤心的。"孩子听到这样的话，肯定就会觉得你能够体会他的感受，他也更愿意与你沟通。

3. 要了解孩子的发展程度

要站在孩子的立场上与之进行沟通，首先应该知道多大的孩子能理解多少话。如果父亲说出的话孩子还无法理解，或者父亲为孩子制订的目标孩子达不到，这就会让孩子觉得辛苦，父亲与孩子之间的沟通也将很难进行下去。

因此，父亲要充分了解孩子的发展程度，知道对什么年龄段的孩子说什么话，这样才能逾越父亲与孩子之间的鸿沟，进行有效沟通。

4. 要注意回答孩子问话时的方式

当孩子向你提出问题时，你首先应该了解孩子的真实含义，然后根据孩子的需要作出回答。比方说孩子这样问你："爸爸，你要不要去踢球？"其实孩子的真实意思就是："爸爸，我想让你陪我去踢球。"如果你听懂了孩子的话中话，你就可以这样回答他："对啊，爸爸等会要去踢球，你要不要跟着一块去啊？"孩子听了这样的话肯定会很高兴。

因此，当孩子问话时，你要明白孩子话中的意思，这样你才能做出他最满意的回答。

5. 要禁用负面意义的说话语气

所谓负面意义的说话语气就是指"我命令你……""我警告你……""你应该这样做……""你太让我失望了……""你不可以……"，等等，这些带有命令、警告、责备等负面意义的语气词。孩子听多了这样的话就会觉得无所谓了，以后父亲再说这样的话不仅不会起到任何作用，还会让孩子产生厌烦心理，阻碍父亲与孩子之间的沟通。

6. 在与孩子沟通时，要经常变换新鲜的话题

要站在孩子的立场上进行沟通，就应该时常讲一些新鲜的话题，引起孩子的兴趣。比如说，"你猜猜爸爸今天在下班的路上看见了什么""你知不知道为什么小孩子都喜欢看《猪猪侠》""如果有一天地球被外星人侵占了，我们地球人应该怎么办好"等。相信这些有意思的话题，比一些"你今天开不开心"这样的话更能吸引孩子。

7. 要懂得充实孩子的生活经验

父亲与孩子沟通的题材大都来源于生活，因此要站在孩子的立场上进行沟通，还要注意充实孩子的生活经验，扩大与孩子的沟通范围。

可以带孩子去认真观察身边的一些事物，比如说，街上的车辆、路边的花草、行人的穿着等。这样不仅可以提高孩子的观察力，而且也可以让孩子在一种融洽的环境下进行沟通。

把孩子当朋友，与孩子保持良好的亲子关系

《爸爸去哪儿》节目刚一播出，"小暖男"天天就萌翻了许多观众的心。天天之所以这么懂事听话，笔者认为与张亮独特的教育方式密切相关。记得在节目一开头，张亮就说道："我要跟儿子做一辈子的哥们。"而他平时在教育孩子的过程中也是这样做的。

他们在节目中常常嘻嘻哈哈一起玩闹，任何事都会相互商量。将孩子放在与自己平等的位置上，做孩子的伙伴。张亮不小心把水洒到儿子身上会及时地向他道歉，做饭时儿子放多了盐也会对爸爸说对不起。

另外张亮在哄孩子方面也特别有耐心，他认为不应该直接告诉孩子应该怎么做，而是应该启发式的教育孩子，引导孩子朝着正确的方向成长。

场景一：

节目组给每一个孩子安排了一个学唱《走在乡间的小路上》的任务，但是天天不愿意学唱歌，赖在床上睡觉。于是张爸爸就说："不论学不学得好，你首先得把学习态度给我放端正了！"但是看到孩子依然缺乏兴致，张爸爸就提出了一个想法，去外面给茄子浇水，然后一边学唱歌，于是孩子欣然接受，高高兴兴地跟爸爸学唱歌。

场景二：

父子俩在睡觉前进行谈心，张爸爸让儿子来扮演村长，自己扮演孩子，当孩子高喊"集合"的时候，张爸爸做出了两种反应，一种是拖拖踏踏，一种是乖乖地迅速集合，问儿子喜欢哪一种，儿子说后一

种。于是张爸爸就对天天说："那你现在知道村长的感受了吧？别人讲话的时候你不要打断，因为打断别人说话是一种特别不礼貌的行为。"

张亮虽然是五位爸爸中最年轻的一位，但是他与孩子做朋友的方式却让许多家长都津津乐道。张亮用换位思考的方式让孩子学会替他人着想，在孩子不愿意做某件事的时候就用别的孩子感兴趣的事情来分散孩子的注意力，让他能够接受。

做孩子的伙伴，用孩子的眼光来看待问题，站在孩子的角度来解释某件事情，会让沟通变得更加轻松有趣，孩子也更容易接受你的建议。因此这就需要爸爸经常抽时间陪孩子，平时多了解他们的语言习惯，学会用孩子的思维来解释问题。

如果你与孩子接触的时间长了，你就会发现孩子在高兴的时候，最容易沟通。比如说陪孩子一起去散步，陪孩子一起玩他最喜欢的游戏等。如果你选择在这种时候与他沟通，沟通效果会更好。

接下来我们将会从下面的例子来分析，作为亦师亦友的爸爸，应该如何与孩子沟通、相处。

丁丁今年9岁了，有一天放学回家，他跑到爸爸跟前得意地说，学校里有很多小朋友都很崇拜他。于是丁丁爸便仔细问清了缘由，原来是丁丁在玩《神庙逃亡》的游戏时，分数突破30万，在同学当中遥遥领先。

"爸爸，你再教我玩一个新的呗，这个都玩腻了。"丁丁看到爸爸正在拿着iPad（苹果平板电脑），赶紧凑上前去。

"可以是可以，你要先完成作业才能打游戏。"

于是丁丁点头答应，乖乖跑到房间里去写作业。一个小时后，他将作业交给妈妈检查，检查合格后，丁丁爸才将新游戏教给他，两人在iPad上玩得不亦乐乎。

许多人认为丁丁爸教给孩子玩游戏是在妨碍丁丁的健康成长。但是丁丁爸认为，传统教育观念里的"棍棒底下出孝子"已经不再适用于"00后"的孩子们，他希望孩子能在一种平等自由的环境中，积极健康地成长。

丁丁爸在刚开始担任"父亲"的角色时，也完全没有头绪，但是后来随着孩子的不断成长，丁丁爸逐渐认识到，除了给孩子良好的物质生活之外，还要培养孩子养成一些良好的品格，品格才是人生的不动产。

就拿玩游戏这件事来说吧，在丁丁三四岁的时候，他就经常跟在爸爸身后玩游戏，刚开始两人相处得非常愉快，可是时间一长，丁丁爸发现丁丁变得越来越不喜欢说话，一回家就抱着iPad玩游戏，到这时丁丁爸才意识到问题的严重性。

于是为了能找到适合儿子玩的游戏，丁丁爸费劲了心思，经常去一些论坛上吸取经验。帮丁丁挑选了一些不会过分沉迷，又能开发智力的游戏。最重要的是，丁丁在这些小游戏上取得的成绩让他在学校拥有了很多崇拜者，帮助他树立了自信。

丁丁平时成绩不错，可是有一次却因为考试失利，成绩下降了，回到家里情绪也不高。丁丁的父母为此很着急，于是丁丁爸就让丁丁陪他看了《当幸福来敲门》这部电影。

看完电影后，丁丁爸告诉儿子说，就算考试考最后一名也不可怕，可怕的是从此一蹶不振。只要你能永远保持积极乐观的心态，总有一天你会获得成功。虽然有些道理他似懂非懂，但是丁丁爸相信，只要给他鼓励和时间，他终有一天会明白父母的苦心。

在丁丁取得进步的时候，丁丁爸也会毫不吝啬他的称赞。当两人的意见相左时，丁丁爸会首先认真听取孩子的想法，"你觉得应该怎么做？""如果这样做的话，你觉得好不好？"他们总是能通过这样耐心的询问和解答最终将意见达成一致。

从上面的案例中可以看出，丁丁爸将孩子当作小伙伴，任何事都能相互商量，亦师亦友。他们之间既是父子也是哥们。他用一种朋友的身份教会儿子积极向上的品格，教会孩子在挫折面前应该如何应对，告诉孩子，无论人生的道路上有多少风雨，只要保持积极乐观的心态，就能永远做到从容淡定。

爸爸与孩子做朋友实际上就是亲子关系的一种，亲子关系对于孩子性格的形成、品质的培养和意志的磨炼具有重要的影响。良好的亲子关系是父母与孩子之间进行沟通的基础，有利于父母增进与孩子之间的关系，促进孩子的健康成长。

现如今大多数孩子都是独生子女，对子女的教育和管教就成了现在许多年轻父母最头疼的问题。爸爸们也一直在做一个"慈父"还是"严父"之间徘徊，如果做一个"慈父"，与孩子关系太亲密，就怕对孩子会产生溺爱；但是如果做一个"严父"，与孩子关系太远的话，就担心对孩子关心不够，让孩子产生抱怨。那么应该如何与孩子建立亲子关系呢？笔者认为爸爸们可以从以下几个方面进行借鉴。

1. 珍惜与孩子共处的时光

现在许多学校都会在重要的节日或者庆祝会上举办各种形式的亲子活动，目的就是增进父母与孩子之间的关系。孩子们待在父母身边的日子非常难得，因此父母们要学会分享和见证孩子成长的每一刻，父母们要记着，无论你因为陪伴孩子失去了多少睡眠、时间、精力和金钱，你都要好好珍惜，因为这是上天给你的一种恩赐。

许多家长因为没有重视与孩子共处的时光而失去了与孩子培养感情的机会，与孩子之间的沟通也因此产生了障碍。所以，不管是与孩子一起参加亲子活动的时间、临睡前相处的时间，还是接送孩子的时间都需要家长们好好珍惜，以增强孩子的心里安全感，增进父母与孩子之间的感情。

2. 主动与孩子分享自己的感受

通常情况下，许多大人都不愿意与孩子分享自己的感受，一方面可能会觉得孩子不能理解；另一方面也认为这样容易给孩子带来负面情绪，影响孩子的健康成长。但是如果你尝试将孩子放在一个平等的地位上来对待，将他当作一个好朋友，向他倾诉你的感受。孩子感觉到你将他当作一个大人来看待，他就可能会用一些更懂事的行为来回报你。所以，如果你真的很累的话，不妨就告诉你的孩子："儿子，爸爸今天上班很累。"或许你就会发现你的孩子也能够懂得体谅你，他也能够很懂事、很听话。

3. 学会聆听孩子的讲话

有时候你正在忙工作的事情，孩子跑到跟前来想要与你分享在学校的趣事，你漫不经心地听着，有时候还会不耐烦地打断孩子的讲话，虽然你可能觉得没什么，但是这其实已经对孩子幼小的心灵产生了一种伤害。他们可能会认为父母不喜欢听他们讲话，不关心他们。严重的话，孩子以后就不愿意与你沟通了。因此家长们要对这个问题重视起来，在孩子与你说话的时候，蹲下身子与孩子的目光保持平视，并且微笑地看着他，鼓励他说出自己想说的话。如果你确实工作很忙，你可以给孩子一个确定的时间，比如说，"等爸爸十分钟就好"或者是"宝贝，等爸爸把这些图画完好吗"，这样孩子就会比较容易理解，也会乖乖地待在一旁等。

4. 赏罚张弛有度

有时候孩子做了不该做或不能做的事情，家长们都不知道应该怎么处理。如果惩罚他的话，怕影响亲子关系；不惩罚的话，又怕孩子记不住教训，下次会再犯。如果遇到这样的情况，家长们不如利用孩子的行为后果本身，对孩子进行自然惩罚。比如他非要去碰热水瓶，如果你一味地阻止他，他就会大哭大闹，这时候你不妨主动将热水瓶的瓶塞打开，将他的手放在热气上，当他感到烫的时候，他就再也不会想碰了。

如果孩子做了一件好事，你也不要吝啬你的赞美，适时地给他一个拥抱或亲吻，或者当着别人的面夸奖他，这远远胜过任何物质奖励。

和孩子相处，你要谨言慎行，因为你不经意的一句话或者一个行为都有可能会对孩子的心灵产生重要的影响。当然家长们也不必因为孩子的教育问题而忧心忡忡，只要掌握科学的方法，与孩子进行有效地沟通，做孩子的伙伴和朋友，你就能与孩子建立融洽的亲子关系。

当孩子犯错时，爸爸如何批评教育才是正确的

随着经济发展水平和人们文化素质的不断提高，在现代家庭教育中，家长们越来越重视对孩子的赏识教育。但是任何事情都应该用一个度来衡量，赏识教育也是一样，如果孩子犯了错误，家长还是一味地赏识，那就可能助长孩子的虚荣心，不利于培养孩子良好的心理承受力。一旦有一天孩子没有获得他人的赏识，就会导致孩子情绪沮丧，对人生失去信心。

父母们首先应该认清这一点：在孩子的成长过程中，总会出现这样或那样的错误。对于孩子无意造成的错误，父母尽量不要过多地批评孩子；但是如果孩子屡教不改，这时候父母就不要再一味地纵容包庇了，应该要对孩子进行正确的批评教育。

在家庭教育中，批评作为一种教育和沟通方式，是孩子成长过程中所必需的。心理学家詹姆士·温德尔说："为阻止错误行为而以奖励作为条件简直就是一种贿赂。它暗示规则本身已失去了它的内在价值。处罚并没什么错，只要公平合理即可。"因此只要批评具有建设性和客观性，孩子都是能够接受的。

中国历来强调"男主外，女主内"的家庭观念，在亲子教育中，也主

张丈夫扮红脸、妻子唱白脸。因此在中国典型的家庭教育中，父亲如何扮好红脸，正确地批评孩子，就成了"父教"中与孩子进行有效沟通的一个关键问题。

那么应该如何批评孩子，才能与孩子建立良好的沟通关系呢？

1. 批评孩子时要客观

批评孩子，关键就是能让孩子心服口服。但这话听起来简单，做起来却并不容易。在与孩子进行沟通的过程中，要让孩子能够接受你的批评，就要站在孩子的角度，用一些孩子能够理解的道理去说服他们。

除此之外，如果父亲在与孩子的沟通过程中，想要对孩子进行批评教育，首先应该保证自己的头脑清醒，并且思维理智，以免对孩子造成不必要的伤害。在批评教育中，强迫孩子接受你所灌输的道理是不行的，要给孩子充分的说话机会，让他们自己去反思自己的行为，从而让孩子从心里接受你的批评。

有一天儿子兴冲冲地跑回家对爸爸说："爸爸，我们今天下午不用上课！"

爸爸说："那正好，你可以下午看看课外书什么的了。"

"可是我已经跟同学约好一起去溜旱冰了啊！"儿子急忙说道。

爸爸一听，心里想：果真像他妈说的一样，儿子心里只想玩。于是爸爸让儿子坐下，决定跟他好好谈谈。

爸爸说："儿子，你告诉我，你现在成绩好不好？"

他沉默了一下，羞愧地说道："不好。"

"作为一个学生，成绩不好有什么资格玩？"

儿子愣愣地望着爸爸，一句话也不说。

于是爸爸继续说道："老爸认为这世界上一共有三种学生，一种是会学不会玩的，一种是会玩不会学的，还有一种就是又会学又会玩的，你觉得你是哪种?"

儿子不好意思地说:"中间的那一种。"

"你看你都知道你自己是会玩不会学，所以你应该要加强学习，努力成为第三种学生。这也是老爸最希望看到的。"

听完之后，儿子挠挠头，踟蹰地说道:"那爸爸我下午还去溜冰吗?"

爸爸说:"怎么不去呢，你都跟同学约好了，我跟你说这些就是想让你记住，要努力做第三种学生。"

儿子兴奋地摆出个"OK"的手势，高兴地跑出了家门。

可见，在对孩子进行批评教育时，要做到客观批评就应该站在孩子的立场上，用一些简单易懂的道理说服他们，同时要给孩子充分的话语权，让他们能够从自身出发剖析自己的行为，以便对自己的行为进行调整。

只要客观地批评孩子，让孩子感受到你对他的尊重和诚意，他们就会更容易接受你的意见。

2. 批评孩子不要当着众人的面

孩子也是有自尊心的，如果父亲当着许多人的面批评孩子，就会让孩子感觉丢了面子，从而对父亲产生抵触心理。

在众人面前夸奖孩子，在私下里批评孩子，这才是作为一个明智的父亲应该要学会的。

如果孩子犯了错，父亲在私底下对孩子进行批评和教育，孩子就会体会到父亲对他的尊重和对他名誉的看重，他也会更加看重自己的名誉，从而会认真规范自己的行为;但是如果父亲当众批评孩子的话，他就会觉得羞愧，就会觉得自己的名誉受到了打击，以后想要维护名誉的心思就会逐渐淡薄了，也不再主动约束自己的行为了。

3. 用故事批评孩子

孩子的自尊心是极其脆弱的，如果父亲赤裸裸地批评他们，他们就会对父亲产生厌恶感，从而使父亲与孩子之间的沟通受阻。因此父亲在批评孩子时，要采取相对委婉一些的手段，比如说通过给孩子讲故事的方式，向孩子灌输一些人生的道理。

在一些比较有趣的故事中，孩子更容易接受一些道理。因此在家庭教育中，如果你发现了孩子有某些不良行为，先不要忙着批评，首先应该冷静地思考孩子到底错在了哪里？然后通过一些相关的故事对孩子进行引导，这样的批评教育不仅能够避免父亲与孩子之间的冲突，还会让父亲与孩子之间的沟通更加顺畅。

4. 用孩子的语言来批评

对于一些年龄比较小的孩子来讲，单纯地给他们灌输大道理根本起不到任何作用。他们只会"左耳朵进，右耳朵出"。这并不是因为孩子在故意与你作对，而是对于一些高深的道理他们根本无法理解。因此，父亲还要学会站在孩子的角度看待和思考问题，用孩子的语言来批评他们。

如果你的孩子喜欢把脚跷在凳子上，你如果告诉他，"你这样跷脚是不礼貌的"或者是"这样跷脚，腿会不舒服的"，他们不会听。但是如果你换一种方法，对他说，"宝贝，你有没有听见你的左腿一直在叫，它不喜欢这个姿势"，他可能就会意识到自己的行为让腿不舒服了，是不对的，就会及时纠正自己的行为。

因此，在批评孩子时，父亲要学会用孩子的语言与他们进行沟通，这样父亲与孩子之间才会有共同语言，双方才能进行更友好地交流。

5. 不要在饭桌上批评孩子

在我们身边存在着这样一种现象：许多父亲习惯在饭桌上教育孩子，其中教育内容多以批评为主。但事实上，这种教育方式是错误的。

一方面父亲在饭桌上对孩子进行批评，容易分散孩子的注意力，导致孩子厌食，影响孩子的成长发育；另一方面经常在饭桌上批评孩子会使孩子的心理变得极为敏感，孩子在家里失去了安全感，与父母的沟通也会越来越少，这样一来，父亲与孩子之间的隔阂就会越来越深，进而影响孩子的健康成长。

6. 让孩子学会自我批评

批评孩子的目的是让孩子意识到自己的错误，从而改正错误，并保证下次不再犯同样的错误。但是如果父亲没有认识到这一点，只是把批评孩子当作对孩子犯错的一种惩罚，那么这种批评教育是起不到效果的。

孩子犯了错误，当然应该教育，但教育的方式有很多，并不是只有惩罚。如果一犯错就对孩子实施惩罚性措施，就容易让孩子产生逆反心理。孩子在经过几次惩罚之后，就会对惩罚措施越来越麻木，不仅不能起到改正错误的目的，反而会让父亲与孩子之间的感情越来越淡，出现亲子沟通障碍。

因此只要孩子能认识到错误，并且有改正的决心，批评教育的目的就达到了，而不必采取一些强制性的惩罚措施。

如果父亲在孩子犯错后，不是立刻批评责骂，而是给予孩子包容和理解，引导孩子自己发现自己到底错在了哪里，这样不仅能给孩子留下深刻的印象，而且孩子也能感受到父亲对自己的疼爱，有利于父亲与孩子建立良好的沟通关系。

7. 要赏罚分明

惩罚作为一种教育方式，指通过一些惩罚性的措施，让孩子明白其中的道理，避免下次再犯同样的错误。

在对孩子的批评教育中，父母一定要做到赏罚分明，不能出尔反尔，让孩子失去判断力。比如你让孩子不要撒谎，你首先应该做到不欺骗孩子，答应孩子的事情一定要做到，否则你在孩子那里失去了信誉，孩子就很难再相信你，你与孩子之间的沟通也会遇到瓶颈。

有一天张先生带着5岁的儿子去遛狗，走到半路的时候，狗狗累了不想走了，于是坐在了地上，但是儿子却还想继续走，于是为了能让狗狗继续往前走，儿子就用脚踢狗狗，张先生发现之后，就立刻责骂儿子。看到儿子哭了之后又赶紧掏出口袋里的巧克力哄孩子开心。

有人就问张先生："你为什么责骂孩子呢？"

"因为他这样踢狗狗是不对的啊。"

"那你为什么后来又给他巧克力了呢？是为了表扬他的行为，还是为了补偿他受的责骂？"张先生被问得哑口无言。

这时候小孩已经被弄糊涂了，他不明白为什么父亲会责骂他，也不明白为什么骂过之后会有巧克力吃。

上面的例子中张先生的做法让孩子弄不清是非，这对于孩子的成长是非常不利的。赏罚一旦使用就应该发挥它应有的作用。同时父亲必须做到言出必行，平时给孩子定好规矩、做好榜样，言传身教地将正能量传递给孩子，培养孩子养成良好的日常行为规范。

"父教"是一门科学，有其自身的规律，必要的批评有助于孩子的健康成长，是帮助孩子走向成功的推进器。当孩子知道自己犯错的时候，内心已经做好了接受批评的准备，对孩子进行正确的批评教育，是符合其心理需求的。因此正确的批评孩子不仅可以帮助孩子成长，还能拉近父亲与孩子之间的关系，有利于建立良好的沟通关系。

孩子不听话，爸爸如何有效地引导和说服孩子

在孩子成长的不同阶段中，孩子时常会变得非常叛逆、不听话。家长说东，孩子偏要指西，存心与父母作对。家长稍微不顺从孩子的意愿，孩子就哭闹不休，直到父母满足他们的要求为止。而一些处于青春叛逆期的孩子，就已经开始学会顶撞父母了。许多十六七岁的孩子，因与家长一言不合而愤然离家出走，类似这样的事件屡见于报端……

孩子为什么会不听话？是孩子天性顽劣，还是父母不善于引导说服？下面，我们通过一个案例来予以分析。

晚上，妈妈做好了饭菜，催促孩子到餐桌上吃饭。孩子正痴迷于电视里的动画片，迟迟不肯到餐桌上就餐。于是，妈妈不断地哄孩子过来吃饭："快来吃饭，一会儿饭菜就凉了""先吃饭，吃完再去看电视""晚上不吃饭，肚子会长虫虫哟"……然而，孩子对妈妈的苦口婆心依然无动于衷，继续坐在沙发上看他的电视节目。

这时，爸爸终于控制不住心头的积火，三步并作两步走到电视机前，"啪"的一声把电视机关了，然后跟拎小鸡一样把孩子拎到餐桌前，强迫孩子吃饭，这一期间孩子一直哭闹不已，含在嘴里的饭菜也不肯咽下去，弄得一家人吃饭都吃得不安宁。

从上面的案例就可以看出，在面对孩子不听话的时候，父亲失去了耐心，对孩子采取了强硬的措施，从而导致孩子情绪一下子爆发，越发的不听话。因此，如果出现孩子不听话的情况，强硬措施是不起作用的。父亲不妨学着去引导孩子，慢慢让孩子接受你的意见。

在这一方面做得比较好的就是《爸爸去哪儿》节目中的明星爸爸林志

颖。我们可以从以下场景中分析林志颖是如何引导说服孩子的。

场景一：小黄，我不想离开你

在节目刚开始的时候，节目组要求孩子们交出零食和玩具。Kimi在交出零食和玩具后，眼看自己最要好的朋友"小黄"（布偶）又要被要求交出去，不禁伤心地大哭起来，眼泪夺眶而出。

林爸爸的解决办法：

林爸爸："小黄可以带吗？你去问问叔叔？"

……

林爸爸："不可以带，对不对？那我们现在把它交上去，等过几天比赛完了后，再把它带回家好不好？哭也没有用哦。"

林爸爸："我们一起把它放进去，好不好？"

要求孩子交出最心爱的玩具"小黄"，Kimi伤心地哭了起来。本来离开了妈妈的陪伴，孩子就已经很伤心了，现在就连最好的玩伴也要离开自己了，对于一个四岁的孩子来说实在是不能接受。

面对这样的场面，林爸爸采用了非常好的处理办法。

①告诉孩子，"你去问问叔叔，小黄可以带吗？"鼓励孩子与陌生人进行沟通，这样不仅缓和了孩子的情绪，而且也从侧面告诉孩子，"这件事我说了不算"，以防孩子再提出其他要求。

②蹲下来，抱着孩子与之进行沟通。虽然这一蹲一抱的动作看着很简单，但其实包含了父亲对孩子情绪的一种容纳。蹲下来与孩子的目光平视，不仅是一种姿势，也代表了父亲与孩子进行平等沟通的一种心态。

③给孩子一个明确的答复，告诉孩子哭并不能解决问题，同时给孩子提出了解决方案。"小黄不可以带""哭也没有用""比赛完了后一起把它带回家"。

④告诉孩子"我们一起把它放进去吧！"不仅是对孩子的一种陪伴，

也可以起到安抚孩子情绪的作用。

林爸爸通过缓和接纳孩子的情绪、表明自己的立场、提供解决方案、陪伴他交出小黄这四个步骤，帮助小 Kimi 接受了小黄离开自己的事实，并且在之后的节目中也没有再提到小黄，因为孩子已经明确地知道小黄在哪，清楚何时能够与小黄团聚。

清楚明白地告诉孩子为什么要这么做，而不是简单地采取强硬措施让孩子被迫听话，这样不仅是对孩子的一种尊重，也是一个聪明的父亲应该具备的技能之一。

场景二：我不喜欢又脏又破的"蜘蛛屋"

在选择住房的时候，Kimi 不小心抽到了条件最差的房间，并轻声说："不要这个房！"

林爸爸的解决办法：

林爸爸："那你想要哪个房间？每个房间都是一样的啊。"

林爸爸："那你要不要跟他换？"（Kimi 正在思考要不要换？）

林爸爸："这个好像挺不错的。""那个有怪叔叔！你要和他换吗？""三号好不好？好像不错哦！"

孩子最后点头同意。

当孩子出现类似这样的情况时，许多父母为了能让孩子接受自己的想法，对孩子说尽好话，甚至用奖励做诱惑；有的孩子虽然无奈地接受了现实，但在很大程度上是由于父母提出了"附加条件"。长此以往，孩子就会形成一种习惯，以后再出现这样的情况，他们就会理所当然地提出自己的要求。而父母为达目的，只有尽量满足。

大家不妨学学小志在碰到这样的情况时是如何做的。

①不去苛责孩子，但也没有用任何奖励来诱导孩子，而是给孩子机会，让他自己做选择："那你想要哪个房间？""那你要不要跟他换？"

②提出自己的建议，引导孩子主动思考问题："这个好像挺不错的。""那个有怪叔叔！你要和他换吗？""三号好不好？好像不错哦！"

③在孩子正在思考的时候，抓住孩子犹豫的契机，引导孩子做出选择：三号好像不错哦！

引导说服孩子的过程其实并不复杂，首先尊重孩子，给孩子选择的机会；然后提出引导性的建议，引导孩子做出选择；最后与孩子意见达成一致。就在这种耐心的安慰、询问和分析中，孩子就慢慢接受了自己抽到的结果。

孩子不听话时，如果父亲只是对孩子反复地讲道理，或者对孩子采取强硬措施，往往不会收到理想的效果。因此，爸爸们应该学会因势利导，在与孩子平等沟通的过程中有效地引导和说服孩子。下面，我给大家提供以下几种说服技巧。

1. 共情法：利用同理心，引导和说服孩子

孩子虽然年龄小，但是他跟我们成年人一样，也需要得到他人的理解。因此，当孩子与自己的意见相左时，父亲首先应该向孩子表达自己对他的理解，这就是所谓的"共情法"。以上面"看电视"的案例来说，如果那位爸爸不是采取强硬措施，制止孩子看电视，而是采取"共情法"的处理方式，效果可能会完全不同：

"爸爸知道，你特别想看电视。爸爸像你这么大的时候，也非常喜欢看动画片。可是如果等动画片完了之后再吃饭，饭菜都凉了，吃完了会肚子痛的，而且看电视时间太长，眼睛会坏掉的，眼睛坏掉了以后就再也不能看动画片了。就像爸爸这样，如果我看不见了，我就找不到我家宝宝了，咦？我家宝宝在哪儿呢？是在这儿吗？不对，这是沙发。在这儿吗？哦，没有。天呐，如果看不见的话就太糟糕了，宝宝可千万不能这样，赶紧休息一会儿去吃饭吧！"这样给孩子一个台阶，细心呵护他的自尊心，他就会比较容易接受，从而自觉地跑去吃饭。

2. 因势利导法：利用孩子的逆反心理，引导和说服孩子

孩子的世界都很单纯，如果他正在关注着自己感兴趣的东西，而你非要阻止他，那么他就很难听你的话。因此，当孩子与你的要求产生冲突时，不要急着去改变孩子的想法，可以因势利导，顺着他的意思往下走，然后再帮助他转变观念。

比如说孩子特别喜欢吃糖果，如果你阻止他吃糖果，他可能不会那么听话，一旦你表现出态度坚决或者有生气的迹象，孩子可能就会大哭大闹。这时，你不如选择帮孩子把糖果剥开，然后告诉他："吃吧，糖果多甜啊，吃了糖，牙就坏了，牙坏了我们就要去看医生，医生就会帮我们把坏掉的牙齿拔掉，哎呀，拔牙多疼啊，那么大的钳子，你上次看到动画片里鳄鱼被拔牙不是吓坏了吗？"

如果你这样说，他就会意识到自己吃糖是要拔牙的，而拔牙又很可怕，之后他就会有意识地去少吃糖果。如此不用各种大道理就可以让孩子乖乖接受，何乐而不为呢？

3. 后果体验法：让孩子能够意识到自己的行为产生的后果

再没有比亲身体验后果更能让孩子信服的了。有时候家长们觉得已经把一些事情都讲得明明白白了，可是孩子还是一意孤行。这时候与其再进行毫无意义的说教，不如停止说教，让他自己去体验这样做的后果。比如说，孩子在吃饭时间不好好吃饭，我们就不要逼迫他吃了，首先要去问一下他是不是真的不想吃饭，如果他确实不想吃，那就直接把饭菜撤掉，而且在另一餐之前不要给他提供任何吃的，一旦他体验到了挨饿的感觉之后，以后再吃饭，他就会乖乖听话了。

4. 灵活变通法：引导和说服孩子要学会灵活应对

一个问题通常有多个解决方案，因此我们要学会灵活变通。当孩子不听话时，用另一种灵活的方式来引导和说服孩子，或许会更加有效。

比如，孩子在房间里正开心地玩着心爱的遥控飞机，结果不小心掉到了垃圾桶里，孩子去垃圾桶里捡飞机，弄得手上很脏，于是你就让他去洗手，可是他正在兴头上怎么也不肯去，如果你强行让他去洗手，他肯定会不高兴。此时我们不如换一种更灵活的方法，跟他说："带着你的小飞机去洗手，看看小飞机会不会游泳，回来告诉爸爸。"孩子一听肯定会很感兴趣。于是他就去乖乖洗手，在水池里玩起小飞机来。

因此，爸爸学会变通说话，孩子才会最"领情"。这样不仅可以表达自己的想法，还可以引导说服孩子接受自己的建议。

孩子产生不良情绪，如何帮助
孩子走出"情绪怪圈"

近来笔者收到了许多家长的邮件咨询：

"我孩子今年6岁了，性格开朗，而且很善良，平时也很讲道理，但一生气，就像换了个人似的，和他平时有很大反差，完全不受控制"；

"我女儿今年上初二了，每次想要跟她好好沟通，都是3句不对就发火，要不就摔门而去，小时候很乖很听话的，为什么现在变成了这样"；

"孩子才上小学，体型偏胖，有一次在学校里同学给他起了个'胖子'的外号，他就不愿意跟同学一起玩了，回到家里也郁郁寡欢，这可急坏了我们一家人。"

……

其实对于上述家长们描述的这些问题，我认为都可以归结为一个问题：孩子闹情绪的时候该怎么办？

在很早之前就有一个研究表明：那些感到幸福并且有成就感的人，并不是智商高或者家境优越的人，而是拥有高情商的人。一个人之所以能获得成功，15%靠智商，而剩下的85%都要靠情商。换句话说就是，一个人能否成功，取决于他对情绪的控制能力。

1. 孩子表现出的不同情绪都有着不同的根源

要管理好孩子的情绪，首先应该弄清楚孩子的情绪到底源于哪里。

①孩子的情绪可能来源于学习。在现代家庭教育中，孩子的绝大部分时间和精力都投入到了学习上，因此，孩子的学习情况会对孩子的情绪产生重要的影响。学习不好的孩子不仅要忍受老师的批评，还要忍受同学的看不起和家长的抱怨、指责。生活在这样的环境下，孩子会长期处于一种挫败、害怕的情绪状态里，当接收到外界的压力时，愤怒、狂躁的情绪就会爆发出来；而学习好的孩子因为一直背负着老师、父母和同学的期望，压力巨大，常常会出现焦虑不安的情绪。

②孩子的情绪可能来源于孩子身体上的变化。身体发胖或者脸上长痘痘都有可能影响到孩子的情绪。尤其是进入青春期的孩子，对自己的外表和别人对自己的眼光都很在意，一旦自己感到不满意或者受到别人的议论，都有可能引起情绪上的波动。

③来自于人际关系的问题。受到老师批评的孩子、家庭关系不和谐的孩子、跟同学闹矛盾的孩子、单亲家庭的孩子，他们的情绪都很容易受到影响。

2. 想要孩子脾气好，首先要管好自己的情绪

对于孩子来讲，管理好自己的情绪可以集中孩子的注意力、提高自主学习能力；可以帮助孩子增强心理免疫力，及时对自己的情绪和心理进行

调整；还可以帮助孩子构建和谐的人际关系。作为一名父亲，要想让孩子拥有良好的情绪，你首先要管理好自己的情绪。

①清楚自己的情绪，并了解自己的"元情绪"。这里讲的"元情绪"就是指在小时候积压的情绪，在当下压力状态的影响下表现出来的情绪。比如，爸爸看到孩子大喊大闹就忍不住发脾气，原来是他小的时候爸爸动不动就对孩子们大喊大叫。他将这个情绪积压在了潜意识里多年，当长大后再遇到类似的情境时，他立即就会情绪爆发。如果爸爸们明白了自己的情绪并不是来源于孩子，而是在自己成长过程中形成的，那么你就可以对孩子进行情绪管理了。

你可以这样对孩子说："在爸爸小的时候，只要一听到你爷爷发脾气，就会感到害怕和厌恶，因此，在你大喊大叫的时候，我就会控制不住自己的情绪，忍不住向你发火。所以我希望以后宝宝跟爸爸说话的时候，能够小声一点。"

②父亲不要隐瞒自己的情绪，要将自己的情绪自然流露出来。如果你真有情绪，那就要向孩子表达出来，比如说："爸爸现在很生气，不想说话"或者"你不开心，爸爸会很担心你，心里也会觉得非常难过"，等等。

③建立和谐的夫妻关系。夫妻关系比较和谐的家庭，有利于稳定孩子的情绪。在现代许多家庭中，许多父母因为孩子的教育问题产生争执，虽然表面上看争执的根源在于孩子，但实际上你们在争执的过程中，给孩子带来了一种负面影响，让孩子的情绪一直处在一种受困扰的状态。这种积压起来的情绪一旦爆发出来，就有可能会使孩子的行为产生偏差。

④爸爸要参与到孩子的情绪管理中。孩子在3岁以后，爸爸对孩子的鼓励和肯定的作用要远远超过妈妈。因此，如果爸爸能够参与到孩子的情绪管理中，那么对于稳定孩子情绪，促进孩子的成长将会有重要的作用。

3. 与孩子进行真诚沟通，引导孩子控制自己的情绪

情绪是一种能量的表现形式，可以转化成物质存在于身体中，而这种身体中的物质也会转化成情绪，释放出来。有的孩子容易发脾气，这就说明他的内心有很多情绪。孩子哭闹的过程就是一种能量释放的过程，而那些看似不哭不闹的孩子，内心的情绪就得不到释放，因此这类孩子更需要家长给予关心。

那些内向、敏感的孩子，表现得很乖巧、很懂事，因为很多事情不需要家长的操心，所以常常会被忽略。有时候孩子闹情绪的时候，家长们就会告诉孩子，"男子汉，不准哭"或者"你这样大喊大叫是不礼貌的"等。家长们口中的各种"不能""不准"，让孩子学会了去压抑自己的情绪，用身体去压抑情绪，情绪就会影响身体，进而导致孩子身体不舒服。

调查显示：孩子压抑在身体里的情绪，如果没有得到合理地宣泄和引导，经过多年的积累之后，容易在三个年龄阶段爆发，分别是 11～12 岁；18～19 岁和 25～26 岁。11～12 岁的孩子会表现为闹脾气，处处跟家长对着干；青春期的孩子主要表现为不想学习，失去学习的热情和动力；成年期主要表现为不想工作，宅在家里靠父母，或者在婚恋问题上与父母观点不一，对着干。这也就是为什么很多家长都头疼的一个问题："孩子小时候很懂事很听话的，为什么现在变成了这样？"

因此，作为孩子的父亲，无论孩子是内向还是外向，也无论孩子是敏感还是爱发脾气，都要与孩子进行真诚的沟通，引导孩子控制自己的情绪。

对孩子进行情绪管理大致分为以下四步。

第一步：接纳。

孩子的情绪宣泄是一种能量的释放，父亲应该学会接纳孩子的各种情绪，而不是责骂孩子。"接纳"就是指我已经注意到了你的情绪，并且我也接受这样一个有情绪的你，让孩子知道，你是包容他的情绪的，同时你也可以直接向孩子说出情绪。比如说："你看起来好像要哭了。"

第二步：分享。

在这一步最关键的一点就是你先要处理好孩子的情绪，然后再帮助孩子解决具体问题。在孩子情绪爆发的时候，需要一点时间来表达他的感受。因此，家长应该耐心地引导孩子说出自己的感受，不要轻易打断孩子的话，可以用一些简单的"哦""是吗？"这样的话来回应孩子。

在孩子充分表达出自己的情绪之后，孩子的表情和身体就会自动放松下来，等孩子情绪稳定之后，父亲可以慢慢引导孩子说出具体的细节，指导孩子具体解决问题。

第三步：肯定与引导。

孩子表达情绪的方式多种多样，比如说有的孩子会打人，有的孩子会摔玩具，而有的孩子会谩骂别人。因此，父亲们要做的就是帮助孩子描述行为背后的这种情绪，让孩子明白情绪本身没有错，但是要选择一种合理的表达情绪的方式。

父亲应该首先要对孩子的情绪表示理解，然后引导孩子选择恰当的方式来表达情绪。比如说："小朋友拿走你的遥控汽车，你很生气，我能理解，但是你打他就是你的不对了。现在他也很想打你。如果这样，你们就不能做朋友了，对不对？"

第四步：设计方法。

要帮助孩子处理情绪并合理地解决问题，你首先要问孩子他想要得到什么样的结果，然后再与孩子一起讨论解决问题的办法，引导孩子去独立解决问题。

父亲可以这样引导孩子："以后你还想跟小朋友一起玩耍吗？"如果孩子说想，你就要告诉他："如果小朋友再来拿走你的遥控汽车，你该怎么做？"通过这样的方式引导孩子，孩子就会明白他打人的行为是不对的，从而会思考更恰当的解决方案。

✔ 拓展游戏

沟通训练：在亲子互动中促进孩子的语言表达能力

1. 教宝宝练习发音

☼ 游戏目的

促进孩子的语言发展，帮助幼儿练习发音。

☼ 游戏内容

①为宝宝准备小动物形状的玩具，在玩具上系上一根绳子，引导宝宝拉着绳子走，并同时模仿动物的叫声，比如拉着小狗玩具走的时候"汪汪汪"，拉着小鸡玩具的时候"叽叽叽"……

②父母用纸折一个小飞机，在屋子里放飞，并大喊"飞了，飞了"，然后引导宝宝自己扔飞机，并同时模仿父母的发音"飞，飞"。

③准备一个彩色的气球，在屋里让气球跑向屋顶，并喊"高了，高了"，然后父母引导宝宝自己将气球抛向高处，并让宝宝模仿发音"高，高"。

☼ 游戏说明

父母在帮助宝宝练习发音的时候应该让宝宝注意自己的口形，在教宝宝发音的时候，父母一定要有耐心，一个一个地教，以便宝宝模仿。

2. 教宝宝练习发音

☼ 游戏目的

在游戏中培养宝宝理解语言的能力和练习发音，为宝宝沟通能力的培养奠定坚实的基础。

☼ 游戏内容

①找玩具的游戏。父母可以先给孩子一个玩具玩，引起孩子的兴趣，然后将玩具藏在宝宝的身边或者用布盖上，在藏得过程中要让宝宝看着，然后问宝宝："玩具去哪儿了？"引导宝宝指出玩具的位置并发出声音。

②招手游戏。家长可以边招手边跟宝宝说"再见"，并让宝宝模仿招手的动作，宝宝学会招手后，只要宝宝一招手，家长就要回来，这样经过反复多次的练习之后，宝宝只要一听到"再见"就会招手，有利于宝宝更好地理解发音，帮助宝宝练习利用动作进行表达的能力。

☼ 游戏说明

在找玩具的游戏中，首先一个玩具必须能成功吸引宝宝的眼球，否则游戏可能达不到预期的效果；在招手游戏中，不仅可以招手说"再见"，也可以摇头说"不要"，总之，对于一些日常生活中比较常见的动作表达，父母都可以教宝宝慢慢练习。

3. 拉一拉游戏

☼ 游戏目的

一方面，帮助宝宝理解事物之间的关系，促进宝宝解决问题的能力的发展；另一方面，可以教宝宝念一些比较简单的儿歌，培养宝宝的语言能力。

☼ 游戏内容

在桌子上放一件宝宝喜欢的玩具，让宝宝能看见但是够不着，在宝宝着急够不着的时候，家长可以在玩具上系上一根绳子，观察宝宝能否知道拉动绳子拿到玩具。如果宝宝不知道要拉动绳子，家长可以做一下示范，然后在拉动绳子的时候编一些比较简单顺口的儿歌"拉呀拉，拉绳子"。

家长可以边教宝宝拉绳子边让宝宝学念儿歌。

游戏说明

要使此游戏能够顺利进行，父母应该首先教宝宝会抓住绳子以及会模仿动作。

4. 制作布书

游戏目的

培养宝宝从小对图书的兴趣，促进宝宝阅读能力的发展。

游戏内容

①制作布书，家长可以收集一些带有有趣图案的手帐或者买一些动物布贴，也可以用一些彩色的碎布制作一些简单而有趣的图案。在制造布书的过程中，家长可以让宝宝在一旁观看，吸引宝宝对布书的兴趣。

②布书的内容，布书中可以包括水果、小动物、动画故事人物、房屋等各种有趣的图案，然后每天抽时间让宝宝学上几页，可以让宝宝学习认识生活中常见的事物，家长在教学的过程中可以结合具体的实物效果会更好。

游戏说明

运用布书进行教学，既简单方便，又比较实用。布书不怕撕也不怕咬，如果弄脏了的话还可以洗，使用价值和游戏价值都比较高。

5. 放放、拿拿游戏

游戏目的

提高宝宝对语言的理解能力，同时锻炼宝宝的眼睛和手的协调能力。

游戏内容

准备一个纸箱，然后在纸箱中放入宝宝的玩具，父母可以将玩具一一从纸箱中取出，边取边说："拿拿，拿出我的小狗狗（也可以使用其他玩具的名字）。"然后再将玩具放进纸箱，边放边说："放放，谢谢，放进我的小狗狗。"

教宝宝模仿父母的动作和语言，父母经过几次的引导之后，最后念儿歌："放放，拿拿，拿出我的小狗狗。"让宝宝在听清儿歌之后，引导宝宝从纸箱中拿出相应的玩具，拿出几个之后，父母可以再跟宝宝玩"放进去"。

游戏说明

在进行游戏之前首先要保证宝宝熟悉玩具的名称。

6. 学唱儿歌

游戏目的

通过教宝宝学习儿歌，提高宝宝的语言表达能力。

游戏内容

①准备一些儿歌卡片，教宝宝一起拍手念儿歌：一二三，爬上山；四五六，拍皮球；七八九，翻跟斗；伸出两只手，十个手指头。

②为宝宝展示儿歌卡片，让宝宝在学念儿歌的同时认识卡片上的"爬上山""拍皮球""翻跟头"的动作。

③在教会了宝宝前两方面的内容之后，家长可以念儿歌的前半句，然后让宝宝接后半句，同时让宝宝认识卡片上相应的字。

游戏说明

家长也可以运用多种方式让宝宝学习认字，激发宝宝的学习兴趣。如果宝宝在几次指认之后都没能正确地认字，家长可以适当的减少字卡，以防宝宝对学习认字失去信心。宝宝在指认正确的时候，家长应该及时拍手赞扬，增加宝宝的自信。

在进行游戏之前，家长可以先带着宝宝看字卡念儿歌，让宝宝对字卡有一个初步地认识。

7. 唱儿歌不倒翁

游戏目的

通过唱儿歌，让宝宝练习"笑"和"觉"这两个字的发音。

游戏内容

①准备一个会发出笑声的不倒翁，儿歌磁带以及字卡不倒翁。

②拿出会发出笑声的不倒翁让宝宝玩，在宝宝玩的过程中，父母可以在一旁唱："不倒翁，眯眯笑，老是坐着不睡觉。"也可以一边教宝宝唱，一边让宝宝玩不倒翁。

③一位家长做出不倒翁的动作，另一位家长跟宝宝一起推不倒翁，在推的过程中边唱儿歌不倒翁。

④拿出字卡，教宝宝指认不倒翁。

游戏说明

在刚开始玩游戏的时候，宝宝可能说不清楚，这时家长一定要有耐心，陪宝宝多玩几次，帮助宝宝强化记忆。此外，家长在教宝宝发音的时候一定要准确。

8. 用调味料表达感受

游戏目的

训练宝宝的语言表达能力以及感知能力。

游戏内容

①准备一个小勺，带有甜咸凉烫的佐料或者食物，以及带有"甜""咸""凉""烫"的字卡。

②将带有甜味和咸味的食物放在桌上让宝宝品尝，然后引导宝宝说出"甜""咸"这两个形容词。

③让宝宝接触比较烫的东西，并问宝宝："烫吗?"在宝宝接触凉的食物的时候，可以说："好凉好凉，宝宝不能多吃。"这样多重复几次，宝宝就能明白"凉"和"烫"两个字的意思了。

④拿出字卡，让宝宝分别认识"甜""咸""凉""烫"四个字。

游戏说明

形容词对宝宝来讲比较难理解，因此，家长在日常生活中可以多用形容词以丰富和提高宝宝的感知能力。

第四章

性格决定命运：掌握孩子的性格
特点，塑造孩子的完美性格

孩子沉迷于游戏，父亲如何培养孩子的自制力

许多父母认为孩子可以凭借自己的能力来管控自己，孩子之所以自制力差是因为他们不尽力或者不愿意造成的，其实这种认知是错误的。造成孩子自制力差的原因多种多样，例如外来的诱惑太多、早年未形成善始善终的好习惯、缺乏对自己人生的规划、缺乏奋斗精神等。

自制力差不仅会影响孩子正常的生活和学习，而且还会成为孩子未来发展的绊脚石。自制力差的人对自己的生活缺乏有效地规划，不知道什么时候该干什么，也不懂得如何控制自己的情绪和行为。父母也常常为孩子自制力差而烦恼。

有一次有位家长抱怨说："孩子都已经 15 岁了，但是一点自制力都没有，每一次做一件事情都不能坚持到底。每次让他看会儿书，看不了几分钟就把书扔在一边去玩游戏了，该拿他怎么办啊？"其实像类似的情况我已经不止一次听到了，迷恋游戏其实是孩子自制力差的一种表现，当然，孩子自制力差的表现还有很多，比如说，做事都只有"三分钟热度"，缺乏耐性，容易冲动，做事不计后果，等等。

孩子之所以自制力差，与父母有着密切的联系。有的父母见不得孩子受一点苦，一旦孩子受一点苦，父母就心疼地围在孩子身边嘘寒问暖，这就很难让孩子能够专心做一件事情；而有的父母由于工作比较忙，没时间照顾孩子，也很少跟孩子一起玩耍和沟通，时间长了，孩子长期生活在一种紧张的氛围中，总是在着急准备应对新变化，很难使孩子静下心来认真

做一件事。

我曾经还接到过一个家长的求助电话，让我跟孩子说，别再玩游戏了，快去吃饭。听完后，我觉得有些哭笑不得。孩子能够沉迷游戏到此地步，父母有着不可推卸的责任。有些父母因为平时工作比较忙，没时间陪孩子，因此对于孩子的需求往往是有求必应。也有的父母因为怕孩子吵闹，没有办法，就让他们玩游戏来打发时间。这样在无形中，孩子的自制力就慢慢地被消磨掉了。

试想一下，如果一个人一会儿情绪高涨，一会儿情绪低落；前一秒还阳光灿烂，后一秒就已经阴云密布了。你还愿意跟这种人交朋友吗？

而且，一个不能有效控制自己情绪的人做事的时候容易情绪化，高兴的时候就做，不高兴的时候就扔在一边，缺乏规划和毅力，对于自己制定的目标不能完全坚持到底。

壮壮小的时候，爸爸妈妈经常陪他玩，晚上给他讲故事，周末陪他去游乐场，壮壮度过了一个非常丰富多彩的童年。但是在壮壮开始上小学后，爸爸妈妈也就慢慢地放手了。

再后来，爸爸妈妈工作越来越忙，陪壮壮的时间也越来越少，很少有时间跟壮壮沟通，一起玩耍。壮壮感觉到自己的生活越来越单调、孤独。

壮壮在五年级的时候，有一次同学邀请壮壮一起去网吧玩游戏，从此，壮壮对游戏的迷恋就变得一发不可收拾。他经常沉浸在网络的虚拟空间里无法自拔，每天除了上课和睡觉外，就坐在电脑旁玩游戏，他觉得游戏能让他获得快乐和充实感。假期里，他每天待在电脑旁玩游戏的时间长达十几个小时。

刚开始爸爸妈妈对壮壮玩游戏的事情也没放在心上，就是觉得小孩子贪玩，而且自己也没时间陪他，就尽量满足孩子的要求。但是等壮壮升到初中二年级后，爸爸妈妈发现壮壮在学习的时候很难集中注意力，这时候他们才意识到问题的严重性。

于是为了防止儿子沉迷网络游戏，爸爸妈妈开始限制壮壮上网的时间，但是壮壮对爸爸妈妈的规定视而不见，妈妈一气之下拔掉了电脑电源，结果遭到壮壮的强烈抗议。无奈之下，妈妈只好又把电源接上，从此之后，壮壮更加有恃无恐了。

壮壮曾经在少年体校练过篮球，于是爸爸在跟妈妈商量之后，决定以此为突破口。

一天，爸爸下班回家后，对壮壮说："怎么样，今天跟我一起去打球吧？"

壮壮正在游戏中玩得起劲，根本没有理会爸爸的话，于是爸爸又问了一遍，壮壮直接就拒绝了："不好玩，我不去。"

爸爸听后没有生气，反而微笑着说："告诉你吧，其实今天不止是你跟我之间的较量，不信的话，你可以去球场看看。"

爸爸的话激起了壮壮的好奇心，于是他终于关掉电脑，跟着爸爸来到了篮球场，发现场上已经有自己的几个好朋友和他们的爸爸了。

爸爸说："今天，我们要举行一场父亲队与儿子队之间的竞赛，看看到底谁能最终获胜。"孩子们听了后，高兴地欢呼雀跃起来。

比赛开始后，儿子们一直在积极地运球和传球，配合默契，最终赢得了比赛。比赛完回到家里，壮壮一直意犹未尽，连说痛快。爸爸趁势说："你球打得不错，以后我们多组织一些这样的活动。"壮壮高兴地点了点头。

经过几个月后，爸爸再问壮壮："现在还想玩游戏吗？"壮壮爽快地答道："现在天天跟你们在一起打球，在球场上都是真人真枪，比网络游戏好玩多了！"

案例中的爸爸将家庭以外的教育资源引进到家庭教育中，成功地转移了儿子的兴趣，帮助孩子远离了网络游戏的诱惑。这种不动声色的教育方式确实值得每一位老爸学习和借鉴。

游戏是一把双刃剑，它既可以供孩子玩乐，让孩子获得快乐，也可以使孩子沦为它的"奴隶",阻碍孩子的健康成长。因此,父母应该态度鲜明地纠正孩子迷恋游戏的习惯。

当发现自己的孩子沉迷于网络游戏时,父母必须及时采取恰当的措施,帮助孩子远离网络游戏的诱惑。要抗拒诱惑,最有力的力量就是来自于自己的内心,而良好的自制力就是抵制诱惑的有力武器。

一个拥有良好自制力的人有很强的独立性,有自己的主见,不容易受他人的影响。而自制力的形成并不是孩子自己的事情,因此,父母应该从孩子小时就注意对孩子自制力的培养。

孩子自制力差的习惯也并不是一天养成的,因此,培养孩子的自制力和纠正孩子自制力差的习惯是一个漫长的过程。对爸爸而言,可以从以下几个方面着手。

1. 制定一套家庭规范

可以在家里制定一套家庭规范,让孩子知道哪些事情能做,哪些事情不能做。这样有规可循,才能让孩子逐步形成抑制不良行为和习惯的能力。或许在刚开始培养的时候,孩子还不明白这样做的道理。比如说,规定孩子不能玩火柴,每当孩子碰到火柴的时候,他就会自然地想到这是不可以的,时间长了,他就不会碰火柴了,但是他或许还不知道玩火危险这一道理。随着年龄的增长,爸爸在制定家庭规范约束孩子的同时,也应该让孩子明白其中的道理,不但让孩子明白,并且要让他接受。

2. 掌握好对孩子适用的规则

在制定了约束孩子行为的规则之后,爸爸也应该认真遵守,否则就容易给孩子起了一个坏的带头作用,也会给培养孩子的自制力增加难度。当然制定的规则过多也不好,容易扼杀孩子的好奇心,压抑孩子的探索欲。

3. 正确处理孩子因缺乏自制力而犯下的错误

当孩子因为缺乏自制力而犯错时，比如说打坏了东西，因为玩游戏忘记做作业等，爸爸应该学会容忍，并耐心地给孩子讲明道理。如果只是以简单粗暴的方式对待犯错的孩子，就容易让孩子产生反抗的心理，从而对孩子的自制力教育产生负面影响。

4. 把目标具体化，增强目标的激励性

一般来讲，大多数人受到短期的、具体的和明确的强化物的影响比较大。学习虽然能够影响孩子的未来和发展，但是对于孩子来讲却比较抽象和遥远，但是眼前的许多诱惑却是具体的，并且能够让自己获得满足，因此，许多孩子都不能抵挡现实生活中的诱惑。

因此，爸爸应该将一些比较长远的目标具体化，增加目标的激励性。

5. 让孩子集中精神完成一件事

爸爸要注意观察孩子平时的表现，当孩子对于要做的事情不能坚持到底的时候，爸爸要鼓励孩子把事情做完。

6. 减少干扰因素对孩子的影响

在孩子正在安心做一件事的时候，爸爸注意不要轻易打断孩子，以免分散孩子的注意力。当孩子在认真完成了一部分的学习内容后，爸爸可以适当地奖励一下孩子，让孩子休息一会儿，吃点东西，听会儿音乐等，不至于让孩子感到乏味。

7. 做孩子的伙伴

如果你对孩子做的事情不闻不问，孩子就会失去热情，从而不能将事情坚持到底。因此，爸爸应该经常鼓励孩子，与孩子沟通，让孩子知道你是关心他的，这样他才会有做事的积极性。

8. 培养孩子的兴趣

兴趣是孩子最好的老师，只有对某件事情感兴趣，才有可能一直坚持下去。因此，爸爸应该带孩子多接触一些新的事物，从中培养孩子的兴趣。

培养孩子的幽默感，让孩子养成乐观、开朗的性格

幽默感在现代人际交往中具有举足轻重的作用，一个懂得幽默的人往往更能受到大家的欢迎。同时，幽默还可以缓解人的负面情绪和紧张的气氛，帮助我们减轻痛苦，让我们能更好地面对生活中的压力和痛苦。除此之外，幽默还可以通过缓解烦恼、忧虑的心情，化解尴尬的气氛，让你更加理性地处理问题。

但是现在的孩子长期处于父母的高压政策下，整天参加各种兴趣班和辅导课，整个人变得越来越死板，不爱开玩笑，失去了生活的乐趣，缺失了幽默感。而且现在许多家长仍然没有意识到幽默感对孩子的成长有多么重要。

饭桌上，孩子不喜欢吃蔬菜，于是就把碗里的蔬菜都扔到了垃圾桶里，爸爸觉得孩子这是在浪费粮食，很生气，于是扬起巴掌说道：

"你下次再这样，我就打你了，打得你屁股开花。"

孩子瞪着眼睛看了爸爸好一会儿，突然哈哈大笑说道："真的吗？我的屁股真的会开花吗？你快点打打看看啊。"

爸爸一听愣了一下，最后也忍不住笑了起来，与孩子笑得抱成了一团。

"打得屁股开花"是日常生活中很普通的一句俗语，但是孩子却从中感受到了幽默感，从而营造出了一种轻松、有趣的沟通氛围，化解了爸爸的怒火，增强了彼此之间的联系。

杰克在一家大公司上班，他经常在上班时间跑出去到理发店理发。

有一天杰克正在理发，碰巧遇见了他的顶头上司。他本来想装作不认识他然后趁人多的时候溜走，但是经理已经坐在了自己的邻座上，并且认出了他。

"行啊你，杰克，你竟然利用上班时间来理发，这可是违反公司规定的。"

"是啊，经理，我是在理发。"杰克镇定自若地答道，"可是你知道，我的头发都是在工作时间长的啊。"

经理一听，勃然大怒："不完全是，还有些是在你自己的时间里长的。"

杰克听完后，并没有慌，反而镇静地回答说："对，这一点您说得完全正确，可是您看我也并没有把头发全部剃光啊。"

暂且不论杰克的行为是对是错，但是他的幽默地回答缓解了谈话的气氛，不至于使双方都处于尴尬的境地。

希腊著名哲学家苏格拉底有一个很强悍的妻子，经常冲着他发脾气。但是苏格拉底总是对身旁的邻居自嘲说："能跟这样的老婆生活在一起有很多好处，这样不仅可以锻炼我的忍耐力，还可以提高我的修养。"

有一次，他老婆又因为一点小事发脾气，在家里大吵大闹，闹了很长时间还不肯罢休，于是苏格拉底只好选择出去躲躲。

但是他刚走出家门，他老婆就从楼上倒下来一大盆水，将他淋成了落汤鸡。但是即使这样，苏格拉底也没有生气，反而不慌不忙地说道："我早就知道，响雷之后必定有大雨，果然不出我所料。"

苏格拉底就这样用自己的幽默感表达了自己对老婆的不满，同时也有利于缓解双方之间的关系。

从上述的故事中我们可以看出，幽默是紧张气氛的缓冲剂，像一座桥梁一样拉近人与人之间的距离，以轻松愉快的形式化解矛盾和尴尬，促进双方之间进行良好的沟通。同时，幽默还代表着一种智慧和才华，能够使人们置身于一种轻松有趣的环境中。因此，幽默应当成为人们追求的一种品质。

专家研究发现，人的幽默感三分靠天成，七分靠培养。可见，孩子的幽默感是可以经过后天的培养和训练逐渐养成的。

研究还发现，孩子的幽默感主要来自于父母。孩子是父母生命的延续，父母的许多性格都在潜移默化地影响着孩子。因此说，如果父母比较有幽默感，孩子也一定会有幽默的性格。

教给孩子学会幽默，也就等于教会了孩子获得快乐和与人相处的能力。那么作为父亲，应该如何培养孩子的幽默感呢？

1. 用自己的幽默感感染孩子

要培养孩子的幽默感，爸爸们首先应该注意一下自己是否有幽默感，或者说自己能否真正欣赏幽默。爸爸身上的幽默感可以潜移默化地影响孩子幽默感的形成，帮助孩子在人际交往中增加人气指数。

爸爸可以经常冲孩子做一些夸张的笑脸和动作，比如说在与孩子一起玩捉迷藏的时候，忽然从门后伸出脑袋，对着孩子做出夸张的表情，这样一个表情就有可能让孩子兴奋半天。经常与孩子一起比赛做鬼脸，让孩子在竞赛中学会幽默。

2. 教会孩子乐观宽容地面对生活

要学会幽默，就要学会乐观宽容地面对生活，摒弃斤斤计较的思想。因此要培养孩子的幽默感，最重要的是无论孩子遇到什么样的困难和挫折，爸爸应该给予孩子积极地鼓励和支持，要让孩子感受到爸爸永远站在自己这一边。

3. 提升孩子的语言表达能力和想象力

如果孩子缺乏丰富的想象力和较强的语言表达能力，就很难表达自己的幽默感。因此，爸爸们要注意激发孩子的想象力，增加孩子的词汇量。

可以多鼓励孩子唱儿歌、背古诗和看故事书，经常给孩子讲一些能够启发心智的小故事，陪孩子看一些有教育意义的相声、小品，如此不仅能够让孩子放松心情，还可以让孩子学习幽默风趣的语言风格。

4. 鼓励孩子多讲有趣的事情

有时候孩子自己经历了或者遇到了有趣的事情，总是喜欢与别人分享。因此，在孩子有向你表达的欲望时，千万不要心不在焉，而是要耐心地引导和倾听，与孩子一起感受其中的乐趣。如果你的孩子有足够的幽默感，爸爸们可以有意识地引导他们自己编幽默故事，丰富孩子的想象力，帮助他们提高注意力。

5. 学会营造轻松的氛围

如果孩子哭闹不止，你除了使用一些常规的安抚手段之外，还可以这样说："宝贝，你看你哭得跟小花猫似的，小猫咪都要来跟你做兄弟了。"这样诙谐有趣的语言会很快转移孩子的注意力，让孩子停止哭闹。

在孩子尝试着给你讲笑话或者表演一些滑稽的动作时，爸爸也要及时地鼓励他们，必要的时候给予一些笑声，增强他们的自信心。

6. 教孩子学会热爱生活

生活中不缺乏幽默，只是缺乏一双发现幽默的眼睛。因此爸爸们要学会鼓励孩子从自己的角度去用心观察周围的事物，感悟生活，体会生命的魅力，从而在生活中发现幽默因子，形成幽默的性格。

幽默不仅是一种生活的调味剂，更代表着一种大智慧，一种豁达的心态。作为父亲，不要认为孩子天真无邪不懂幽默，其实孩子很懂幽默。因此，父亲要多为孩子创造轻松的生活氛围，让孩子能够经常发出天真无邪地笑声，体味童年的乐趣，让孩子在幽默中健康成长。

当然，爸爸们在培养孩子幽默感的同时，也不要忽略孩子的个性特点。活泼的孩子和内向的孩子对于幽默感的表现形式有很大的不同，因此爸爸们要学会辨识孩子的幽默感，学会从孩子的幽默中获得乐趣。

幽默感来源于人们的丰富内涵，随着阅历的增加和知识层面的拓宽，人们的谈吐举止自然就会发生很大的变化，因此，这就需要告诫爸爸们对于孩子的幽默感的形成不要操之过急，要耐心地指导孩子丰富的内心世界，激发他的想象力。

孩子胆小懦弱，如何培养孩子坚强自信的性格

心理学研究表明，那些成绩卓越的优秀者并非只在智商上高人一等，而且与人的性格特征也息息相关。而其中最重要的性格特征就是拥有"坚强自信的性格"。

孩子拥有坚强自信的性格是未来成为合格人才的重要基础。坚强自信的性格可以让孩子更加果断勇敢、自强不息。可以帮助孩子远离失败等情绪所带来的压抑感，让孩子始终以一种积极健康的心态茁壮成长。

因此，家长们应该加强对孩子坚强自信性格的培养，帮助孩子树立自信心，锻炼孩子不畏困难、勇敢坚强的性格。拥有坚强自信性格的孩子敢于冒险，什么事情都乐意去尝试，即使受伤也不会掉眼泪；而缺乏坚强自信性格的孩子胆小怕事，不敢跟生人说话，一受到批评就会哭，而且生活自理能力比较差。

　　小杰是个小男生，家里只有他一个孩子，平时全家人都围着他转，虽然已经六岁了，但是却很腼腆，喜欢一个人独处，见到生人就躲到父母身后，也不喜欢跟同龄的小伙伴一起玩耍。有时候爸爸批评几句，就立马掉"金豆豆"。这可把爸爸妈妈急坏了，生怕孩子长大后也这么懦弱胆小。

　　为了锻炼小杰坚强的意志，增强孩子的自信心，爸爸经常带着他去体育场锻炼。有一次，在体育场上好多小朋友都在玩皮球，有的将皮球当足球一样踢来踢去，有的在拿着皮球投篮，大家相互之间玩得都很带劲，但是爸爸却发现小杰一个人站在体育场的一个角落使劲地拍皮球，而且还一边拍着一边看着场上，想要融入他们，却又不敢。

　　于是爸爸就走过去，鼓励小杰说："儿子，你真棒，你已经学会拍皮球了，让那些小朋友过来帮你数数你到底能拍多少个好吗？"

于是爸爸的一句话，引过来好多小朋友围观，大家一起来帮忙数着，"一个、两个、三个……"渐渐地，小杰越拍越多，越拍越带劲，脸上也流露出了自信的表情。就这样，围观的小朋友也加入到拍皮球的游戏中来，气氛非常活跃。小杰感受到了自己是活动的主角，自信心也得到了很大的提高。

现代的孩子一般都像案例中的小杰一样是独生子女，受到了家人过分的保护，造成了他们内向、胆小的性格，不敢参加有许多人参加的活动。但是爸爸看到了小杰身上的闪光点，看到了小杰的能干，于是就抓住机会，鼓励他在这么多人面前表现自己，增强了孩子的自信心，同时小杰在这么多人面前没有轻易地放弃，也锻炼了他坚强的性格。

而且案例中的游戏也让小杰更好地融入了群体之中，让小杰体会到群体的魅力。

可见拥有坚强自信的性格是孩子健康成长的重要部分，会让孩子成为生活中的佼佼者。家长要想真正有益于孩子的成长，就应该培养孩子养成良好的性格，重视自信心和坚强心理素质的培养。那么爸爸应该如何培养孩子坚强自信的性格呢？给爸爸们提几点有效的建议。

1. 给孩子独立锻炼的机会，不要让孩子事事都依赖大人

如果对孩子过度娇宠，就快要上小学的孩子还要帮他穿衣、洗脸、系鞋带，那这样的孩子长大以后，能坚持不懈地独立完成一件事情吗？我想答案是否定的。

如果让孩子过度依赖你，他就会精神松懈、懒得去独立思考、没有主见。所以，爸爸们应该要明白，爱孩子并不是要让他们事事都依赖你，而是要学会放手，给他们独立锻炼的机会。让他们单独活动（当然首先应该保证活动的安全性）、主动与陌生人进行交谈，与同龄人交往、独立完成作业以及自己坐公交车上下学等。

即便有一定的困难，也要让孩子独立去完成，这样他们才能在凭借自己的力量克服困难之后，体验到成功的喜悦，从而增强自信心并变得坚强起来。当然如果你实在不放心，也可以做一个监督者，悄悄跟在孩子后面，保护孩子，但尽量不要上前打扰。

2. 相信和尊重孩子

相信和尊重孩子能够充分激发孩子内在的潜能，从而培养孩子的自信心和处世能力。情商研究专家发现：如果充分信任孩子的能力，就能够激发孩子的内在力量。因此，爸爸要充分信任孩子的能力，培养孩子自信的品质，让孩子体验到内心的自在和快乐。

孩子是家庭的重要一员，当遇到与孩子有关的事情时，应该学会征求孩子的意见，并尽量尊重孩子的意愿。大多数爸爸认为孩子还太小，没有独立思考的能力，即便征求了他们的意见也没什么用，或者觉得有些事情没必要让孩子知道。但是在遇到事情的时候经常跟孩子商量不仅是对孩子的分析和判断能力的一种信任，还表现了对孩子尊重。

3. 保持和增进身体健康

一个身体虚弱的孩子对自己的身体没有信心，心情也会不好，必然在遇到事情的时候畏首畏尾，很难发挥积极主动性，也很难培养坚强自信的性格；相反，如果孩子有一个健康的体魄，就必然会更加积极地面对事情和人，要培养坚强自信的性格也相对容易得多。

4. 培养孩子良好的品德和智力

一个人品德良好容易受到他人的尊敬和爱戴。知识和智慧会增加人的自信，各种心理品质之间是可以相互影响的，因此，培养孩子良好的品德和智力，能让孩子的性格变得坚强起来。

在孩子的道德品质培养方面，由于祖辈、父辈在价值观念、历史观念、文化素质、道德水准等方面存在不同，对孩子的教育方式、内容以及态度上也存在很大的不同，这时候，爸爸们就应该在其中发挥主要作用，协调各代人在孩子品德培养方面的差异，本着培养孩子良好的品德为出发点，促进孩子身心同步发展。

5. 要求孩子做一些力所能及的事情

比如让孩子摔跤了不哭。当孩子摔跤的时候，不应该立马将孩子扶起来，而是应该在孩子的眼泪流出来之前，利用孩子的好强心理，鼓励孩子说："宝贝，你这么勇敢，一定会自己站起来的，不哭啊。"通常情况下，孩子在听到这样的话之后就真的咬住牙不哭了。这时候就应该给孩子及时的奖励，强化效果。当然孩子摔倒了，爸爸也要观察一下孩子是否受了伤，以免耽误了治疗。

又比如，有的孩子不想去上学，每次送他到学校门口都会号啕大哭。这时候，爸爸应该设法让孩子去上学的时候不哭，如果他能做到这一点，就给予一定的奖励，通过这样耐心地引导，一定可以帮助孩子形成自信坚强的性格。

6. 加强对孩子的挫折教育

人的一生必定会遇到困难和挫折，而关键就是如何面对这些困难和挫折。现在的孩子尤其是生活在城市里的孩子，很少经历艰苦生活的磨炼，虽然这样的环境有利于他们的顺利成长，但是却让他们缺少了锻炼坚强意志的机会，如果以后再遇到挫折就有可能会无所适从，而父母又不能时时陪伴在他们身边。

因此，作为父亲，应该不失时机地对孩子进行挫折教育，磨炼他们的意志，增强他们的自信。让他们懂得如何应对挫折和困难，从而形成坚强自信的性格。

当一个复杂的问题摆在人们面前需要明确而及时地作出决定时，坚强自信的人，能够更冷静、理智地分析问题，做到当机立断。而性格软弱、缺乏自信的人往往就会犹豫不决、优柔寡断，以致错失良机。由此可见，培养孩子坚强自信的性格对孩子的成长，乃至民族的强大都至关重要。

总之，作为父亲，仅仅关心孩子的身体健康和学业是远远不够的，还必须重视孩子的性格培养。要善于把握教育机会，培养他们坚强自信的性格，让他们将来成为一个有作为的人。

孩子以自我为中心，如何让孩子学会为他人着想

研究发现，儿童在学龄前，会有很长一段时间是"以自我为中心"的。典型的表现就是孩子习惯把身边的每一件事物与自己联系起来，在他的心里好像自己就是世界的中心。

在心理上他们会表现为，根据自己的意愿来判断自己的需要和情感，理解事物、情景和他人的关系。他们不会在意别人的感受，也不会站在别人的立场上来看待问题。同样，他们也不会按照事物本身的规律和特点去认识自我。

以自我为中心是儿童早期发展的一个必经阶段。孩子在三岁左右，自我意识就开始萌芽，在这一阶段，他们以自我为中心观察周围的世界，他们从"自我"的角度进行行为选择和活动设计。

对于处在学龄前的孩子来讲，以自我为中心并不等同于成人阶段的自私。随着孩子生理和心理的不断成熟，以及接受的教育水平的不断提高，大部分孩子会摆脱以自我为中心的观念，他们会慢慢明白，自己在万千世界中只是一个小小的客体，自己并不是世界的中心。

"以自我为中心"的阶段可以说存在于每个人的成长过程中，只是在

知识程度和发展速度上有些个体差异罢了。但是如果孩子到了 4~5 岁，甚至 6~7 岁，还存在自我倾向，这就应该要引起家长们的重视了。

其实在现代社会中有好多学龄儿童，尤其是在独生子女中，这种以自我为中心的现象比较严重，并在逐渐将这一种现象演变成一种"自我中心"的性格。表现在：与同伴交往时，常常摆出决不妥协的强硬姿态；感情上非常敏感，在家里比较任性，只要有一点不满意就大哭大闹；父母对孩子的劝导也不再起作用，孩子很难再进行自我控制，会经常表现出一些带有破坏性的反抗行为。

在心理学上将孩子的这种表现称为"自我中心性格"，这是孩子个性发展的一个危险信号，需要家长格外地重视。

小宇今年 10 岁了，是一名五年级的学生。他聪明好学而且成绩优异，他爱好足球并且长相秀气，是一个一眼看上去就非常招人喜欢的小男孩。

不管是在家里还是在学校，他都是众人关注的焦点。因为成绩比较优异，老师让他担任班里的学习委员，主要是帮助老师收发作业。于是小宇总认为自己比别人要高一等，常常对同学指手画脚，瞧不起学习差的同学，有时候同学来请教他问题，他就骂人家是笨蛋。

班里卫生大扫除的时候，班长给他布置任务，他总是想干什么就干什么，想怎么干就怎么干，从来不肯听取别人的意见。再加上他是独生子，家里爷爷、奶奶、爸爸、妈妈都围着他一个人转，有什么要求都尽量满足。这更助长了他嚣张跋扈的气焰。

现在小宇的父母也非常头疼，因为只要有一点让他不满意，他就冲家人乱发脾气。

其实小宇的例子就是一种典型的以自我为中心的表现。以自我为中心的孩子特别重视自我存在感和自我价值，因此常常忽视他人的存在和感受，他们习惯于以自己的欲望来统治他人，用自我利益淹没他人利益。

以自我为中心的人对自己应该承担的责任和义务缺乏足够的认识，不懂得关心集体和他人，对与己无关的事表现出了冷漠的态度。

孩子以自我为中心的习惯的养成与父母不恰当的教育方式密切相关，因此，要帮助孩子走出以自我为中心的"怪圈"，父母们就需要掌握比较科学、合理的教育方式。对于爸爸们来讲，具体可以从以下几个方面借鉴。

1. 转移家庭成员关注的焦点

现在大多数孩子都是独生子女，两代人都在围着一个孩子转，很容易溺爱孩子，让孩子形成以自我为中心的意识，将家人对自己的宠爱视为理所当然。因此，爸爸应该有意识地转移家庭成员关注的焦点，要将孩子视为一个与家庭中其他成员一样平等的人，让孩子能够独立成长，这样的话，孩子才能更好地认识自己和他人。

2. 运用移情法

所谓的移情法就是引导孩子学会设身处地地为他人着想。以自我为中心的孩子不懂得与人分享，不考虑别人的感受，因此，爸爸要运用移情法，引导孩子学会为他人着想。比如说，你的朋友带着孩子来你家玩，你自己的孩子正坐在沙发上吃苹果，你就让自己的孩子去拿一个苹果给朋友家的孩子吃，但是你的孩子却不愿意。如果这样的话，你就可以这样引导他："你看，小朋友来我们家玩，是我们家的客人，我们应该好好招待人家。如果下次你去别人家里玩，人家只顾着吃东西而不给你吃，你会开心吗？"孩子说："不开心。"然后你就可以接着说："对啊，所以我们要分给小朋友吃，这样人家才会开心啊！"

通过这样一个比较，孩子就比较愿意拿出苹果跟小朋友分享了。可见，要帮助孩子走出以自我为中心的"怪圈"，离不开爸爸们的认真引导。运用移情法，可以让孩子在理解他人感受和需求的基础上，萌发关心他人的情感，进而产生相应的行为。

3. 鼓励孩子参加集体活动

家长为了让孩子免受伤害而过度地保护和封闭孩子，容易让孩子失去与同龄人交流和玩耍的机会，也很难让孩子有认识他们价值的机会。因此，爸爸们应该鼓励孩子多参加集体活动，让孩子在集体活动中，体会到经历艰辛迎来成功的喜悦，体验与他人合作的意义，从而远离以自我为中心的"怪圈"。

4. 帮助孩子明确在家庭中的角色定位

一般情况下，以自我为中心的孩子大都有以下几个特征：不懂得关心家人，不做或很少做家务，总是不断地向父母提出各种各样的要求等。针对这样的情况，爸爸应该明确地告诉孩子：家庭中的每一个成员都应该扮演好自己的角色，家长应该关心爱护孩子，而孩子应该孝敬长辈，家里的每一件事都应该一起做，好东西也要大家共同分享。这样，通过从小的教育和培养，孩子就会逐渐养成好的习惯，学会与家人和其他人一起分享。

如果你要求孩子做家务而孩子不听，你就可以尝试让孩子受一些惩罚，比如说让他饿一会儿肚子，明确地让他知道："你没有完成你应该要完成的家务，而我们大人也没有义务替你做饭，所以你只能饿肚子了。"这样孩子就会明白，原来没有完成自己应该做的家务，就会饿肚子，下一次孩子就会乖乖听话了。

5. 应该多给孩子做正面、积极的影响

孩子年纪小，常常会因为占到小便宜而沾沾自喜，这样的情况不足为奇。但作为家长应该要让孩子认识到这种占小便宜的弊端，可以通过给孩

子讲故事、举例子、做游戏等方式，引导孩子学会认识、理解和同情他人，帮助孩子走出自我，走向他人，逐步调整自己的行为，养成良好的与人相处的习惯。

爸爸也要为孩子做好表率作用，做到不占小便宜，学会理解、同情他人，让孩子在榜样力量的推动下健康成长。

每一位家长都希望自己的孩子能够学会独立自主，能够自觉、主动地学习和做事。因此，爸爸们只要引导得当，不仅能够帮助孩子顺利走出以自我为中心的"怪圈"，而且还能让孩子形成独立的人格。到那时，爸爸们就可以安心地看着孩子健康成长，体验为人父的骄傲和家庭的幸福。

培养孩子的好奇心，激发孩子的学习兴趣和探索精神

人类几乎生来就有探索、创新的潜质，孩子幼儿期强烈的好奇心构成了一生中最执着的探索精神，他们利用这种好奇心进行探索创新，敢于尝试一切新生事物，追求感官和心理上的刺激。

虽然对于成年人来讲，孩子们的这点探索精神根本微不足道，也不可能与科学家的探索相匹敌。但是孩子从小就养成的这种探索精神难能可贵，他们对一切充满好奇，从而去探索、创新。从孩子的心理发展特点来看，儿童期正处在创新心理觉醒时期，他们好学好问，求知欲强，完全不受传统习惯的约束。因此，培养孩子儿童期的探索精神，不仅能够激发孩子的创新欲望，还能帮助孩子开发智力，促进孩子的健康成长。

孩子的探索精神不是与生俱来的，而是通过后天的培养形成的，也就是说孩子是否拥有探索创新的精神，关键看父母如何引导。孩子从刚出生时起就对周围的世界充满着强烈的求知欲，在他们的内心深处，永远带有一种探索和求知的欲望。

但是在现代家庭教育中，母亲为了让孩子远离伤害，处处想要保护孩子，不让孩子参加任何有危险的活动，处在如此周到的呵护下的孩子必然

会更加柔弱、胆小一些。因此，父亲在培养孩子的探索精神方面应该发挥更大的作用。父亲可以带着孩子爬山、赛跑，让他们去学习骑自行车，参与修理简单的家电……培养孩子养成独立、果断、勇敢和冒险的精神。父亲应该在孩子探索精神的形成方面扮演好引导者的角色，与孩子一起探索未知的世界，认识和学习新生事物。

教育家陶行知认为，"小孩是再大不过的发明家了"，应该鼓励孩子多探究，多提问。但是许多父亲在回答孩子的问题时却缺乏足够的耐心，要么敷衍了事，要么不予回答，更有甚者对孩子的问题视而不见，嗤之以鼻。虽然父亲的这一做法能够换来片刻的安静，但是这样的行为却压抑了孩子的求知欲和好奇心，扼杀了孩子的探索精神。而塞德尔兹在面对孩子提出的问题时，总是很耐心、认真地解答，不像有的父亲那样嫌麻烦。

有一天，塞德尔兹正在与哈塞先生讨论有关孩子喜欢提问题的话题，哈塞先生向塞德尔兹抱怨说："有时候小孩子真的很烦人，整天不停地说，不停地问这问那，我都一个头两个大了。"

这个时候，塞德尔兹的儿子小塞德尔兹走了过来，手里拿了一本达尔文的进化论的少年读本，这本书里用比较生动的语言详细描述了生物进化的过程，书中还附有许多有趣的插图。

"爸爸，这本进化论里讲到人是由猴子变来的，对吗？"儿子疑惑地问道。

"爸爸不知道是不是完全对，但是达尔文的进化理论是有道理的。"

"可是如果人是由猴子变来的话，为什么现在人还是人，猴子还是猴子？"儿子问道。

"你没看见书中写的吗？猴子中只有一部分进化成了人类，但是还有一部分没有得到进化，因此说没进化的那些猴子就仍然是猴子。"塞德尔兹耐心地说道。

"如果这样的话，那恐怕就有问题了。"儿子怀疑地说。

"有什么问题？"

"既然是进化论了，那么所有的猴子都应该得到进化，而不应该只有一部分得到进化。"

"为什么会这样说呢？"

"我认为另一部分猴子也应该得到进化，变成一群能上树的人。"

这时，哈塞先生脸上流露出了一种不以为然的神色，似乎在说："我看看你能有多大耐心。"

"那是不可能的，事实上有一部分猴子并没有得到进化……"塞德尔兹说。

"为什么呢？"儿子依然没有放弃这个问题。

于是，塞德尔兹将孩子揽在自己身边，为他尽力讲解其中的原因："据我所知，有一部分猴子因为某种原因不得不在地面上生存，随着时间的推移，它们的攀援能力逐渐退化，并慢慢学会了直立行走，在经历了一段漫长的时期，终于变成了人类，而另一部分猴子仍然生活在树上，因此没有得到进化。"

"哦，我明白了，可是猴子为什么要进化呢，当猴子不是更好吗？可以灵活地爬上爬下。"儿子又提出了自己的另一个疑问。

"虽然在四肢和身体上，人不如猴子灵活，但是人的大脑确实最灵活的。"塞德尔兹说道。

"大脑灵活有什么用呢？又不能像猴子那样从一棵树跳到另一棵树上。"

"身体灵活是很好，但是仅仅有身体上的优势还是远远不够的，大脑的灵活才是关键，这样才创造出了我们今天的文明。"

"那为什么要创造文明？"

"因为文明代表着人类的进步。"

就这样，儿子的问题一个接一个地纷至沓来，有时候他的许多问题成年人看来非常可笑，也没有任何的意义，但是塞德尔兹为了不让孩子失望，竭尽所能地为儿子解答。

"博士，你真有耐心，我真的很佩服你。"哈塞先生真诚地说道。

塞德尔兹笑了笑说："其实并不是因为我的耐心比别人好，只不过我比别的家长更能认识到认真回答孩子问题的重要性，因为只有这样才有助于培养孩子的探索精神，如果你做不到这一点，孩子这种宝贵的品质就会被抹杀。"

从上述的案例中可以看出，为了培养孩子的探索精神，无论孩子提出看起来多么无厘头的问题，塞德尔兹博士都耐心地为孩子解答。作为现在家庭教育中对培养孩子的探索精神起着重要作用的父亲也应该以塞德尔兹为榜样，认真对待孩子的问题，激发孩子的创新精神和求知欲，促进孩子探索精神的形成。

探索是孩子学习知识、发展能力的必经之路，培养孩子的探索精神，有利于丰富孩子的精神生活，拓宽孩子的知识面，锻炼孩子的意志，培养孩子的特长，开发孩子智力，可以说，培养孩子的探索精神对于孩子的成长有非常重要的意义。

那么应该如何培养孩子的探索精神呢？

1. 欣赏孩子提出的问题

当孩子就一件事情提出自己的疑问时，爸爸首先应该就孩子敢于提出疑问的行为给予肯定，然后就要为孩子尽力解答疑惑。当自己也得不到答案时，不要因为怕丢面子而不回答，可以告诉孩子："这个问题爸爸也不知道哎，不如我们一起去查资料吧，看看能不能从书上找到答案。"这样既可以让孩子保持对问题的新鲜感而努力去寻找答案，也可以让父子俩有更多的沟通机会。

2. 保护孩子的自尊心，鼓励孩子自己解决问题

作为父亲，应该尽力保护孩子在知识、能力和判断力方面的自尊心，

在孩子向你提出疑问时，千万不要用"你怎么连这个都不懂"来打发孩子，也不要直接告诉孩子答案，可以运用启发式或者鼓励式的语言，引导孩子说出自己对问题的看法，比如说，你可以这么说："我觉得这个问题你是了解的，先谈谈你的看法。"你这样说不仅维护了孩子的自尊心，而且他也会自己努力去寻找问题的答案。

3. 和孩子讨论问题切忌急于求成

在跟孩子讨论问题时，爸爸们千万不要急躁，要有耐心。不要急着回答孩子"说得好"或者"很好"，因为这种比较快的赞扬会让孩子感觉到你已经失去了耐心。可以在与孩子讨论的过程中，这样回答孩子"听起来好像很有趣"，"我都没想到这一点"等，激发孩子想要进一步讨论的欲望，让孩子乐意进行更深地探索。

4. 让孩子留心观察身边的各种现象

孩子对于亲身经历的事情往往印象比较深刻，因此，与其让孩子多看书和教育片，不如鼓励孩子多多留心周围的各种现象。比如，让孩子在显微镜下观察自己的手指甲，他就会明白为什么吃饭前要洗手；让孩子自己去观察面包上长的霉点，要比你费尽心力的给他讲什么是霉要简单得多。因此，爸爸要经常鼓励孩子注意观察身边的事物，从而激发孩子的求知欲，培养孩子的探索精神。

5. 和孩子一起做科学实验

爸爸们也可以跟孩子一起做科学实验，并一同探索科学界未知的奥秘。这样不仅可以培养孩子的动手能力，帮助孩子获得知识和经验，还可以体会到与爸爸在一起合作的快乐。

6. 欣赏孩子的爱好

欣赏孩子的爱好和成就是满足孩子求知欲、培养孩子探索精神的关键一环。一般来讲，孩子的爱好是心理发展的真实表达，对于这种爱好的追求他们是赋予了极大热情的，因此爸爸应该支持孩子对于爱好的追求，并鼓励孩子在爱好方面有更深的发展。

孩子进入青春期，父亲应如何正确疏导孩子的叛逆性格

孩子在进入青春期之后，生理上和心理上都会发生很大变化。而孩子在心理上的变化，叛逆是一种比较常见的现象。如果不能及时处理好孩子的叛逆情绪，不但会影响孩子正常的生活和学习，也不利于孩子正确人生观和价值观的形成。

研究发现，孩子进入青春期之后，个体思维中纯逻辑成分会逐渐减少，而辩证成分则逐渐增多。这就说明他们已经开始学会具体问题具体分析了。他们已有的知识水平和程度以及掌握的学科的基本结构和基本规律，对于思维基础的薄厚程度有着密切的关系。

他们这一阶段心理发展的主要目标就是确认自我认同感。有时候我们经常会遇到这样的情况：孩子在突然间就变得沉默不语了，也不喜欢与人交流和沟通，对任何事都表现得漠不关心，也不爱出去做运动；孩子在家里跟父母对抗，在学校里跟老师对抗；抵触上学，不按时完成作业；喜欢打架和恶语相向；等等。还有一种孩子，虽然表面看起来不动声色，很乖巧懂事，但是在背地里有自己的"小天地"。其实这些都是孩子在青春期得不到自我认同感的表现。

孩子在青春期是非常敏感的，他们既想要依赖别人，却又在标榜独立。他们习惯以叛逆的方式来寻求自我。他们向父母争取自主的权利，他

们会产生厌学、离家出走、过度虚荣等症状。而孩子不动声色的叛逆也会导致抑郁症和强迫症等症状的产生。

孩子进入青春期后，有了自己的主见，就把父母的嘱托和叮咛当作耳旁风了，甚至有时候还会与父母对着干，并以此为乐。下面就是几个青春期孩子叛逆的例子。

小伟的例子：

小伟今年16岁，正在上高一，他初中的时候就在学校里交了女朋友。上高中后，爸爸妈妈为了拆散这对小'情侣'，可谓是煞费苦心。到处托人找关系给孩子转学，本以为转学之后就可以相安无事了。但是女孩哭闹着也让自己的父母帮忙转到小伟的学校，否则就要以死相逼。现在双方家长都拿两人没有办法，只好走一步看一步。

小磊的例子：

小磊今年才上初中，但是却早已经在学校里谈了好几个女朋友，而且还经常喝酒、抽烟、去网吧玩游戏，父母不管说什么，小磊都听不进去，依然我行我素。有时候父母说多了，他就以离家出走相威胁，现在小磊的父母也不知道应该怎么办了。

小丽的例子：

小丽是一名高中生，父母很少给孩子零花钱，但是家里的钱放在哪里，父母从来都不瞒着孩子。有一次，小丽自己拿了600多元钱买了好几套衣服，父母为此批评了她，她却不以为然，还理直气壮地回应，自己花钱是应该的。

从上面的几个案例可以看出，处在青春期的孩子的叛逆心理会全方位地表现出来，早恋、抽烟喝酒、打架、虚荣心强等。因为此时的他们正处在一个"自我阶段"，他们渴望由自己掌控世界，实现自己的价值。

他们为了表现自己的个性，只要是父母反对他们做的，他们都去做，父母不喜欢的，他们都喜欢。他们用抽烟、喝酒等他们自认为是成熟标志的方式，来向世界宣告自己已经成熟，不希望父母再把他们当孩子看待。

虽然步入青春期的孩子这么叛逆，但是对于他们而言，却是成长的最佳阶段。他们精力充沛、思维敏捷、记忆力强、情感丰富，他们是青春活力的代名词，这个阶段也是心智逐渐成熟的时期，是他们走向成年的过渡阶段，也是性意识萌发和发展的时期。但是由于他们在这一阶段的心理和生理发育不一致，因此，处在青春期的孩子具有半成熟、半幼稚、叛逆等特点。

青春期是孩子心理素质发展的关键期，应当引起家长们的重视，对于叛逆的孩子既不能生硬批评，也不能放任自流。作为父亲，应该要注意研究孩子的心理和性格，采取有效的措施来引导孩子度过青春期。

1. 认真学习有关青春期的知识，正视孩子的生理变化

父亲首先应该认真学习与青春期有关的知识，了解孩子在生理和心理上的变化，认识到孩子出现这种变化是一种正常现象，要学会坦然接受，然后寻找正确的方式应对。

父亲还应该学会站在孩子的角度和立场上来看待和思考问题，与孩子进行交流沟通，并达成共识。

青春期也是孩子性意识觉醒的时期，他们对有关性的知识充满了强烈的好奇心。爸爸对于孩子的这种好奇心不要回避，也不要感到难堪，可以有意识地看一些青春期生理卫生教育的书，然后在适当的时候与孩子在私底下交流，也可以跟孩子聊一些自己身体的发展状况，帮助孩子了解身体结构、生理卫生以及生理需求。

爸爸还要注意引导孩子正视自己生理上发生的变化，让孩子的性心理知识教育与心理发育同步进行。

2. 给予孩子独立的空间

处在青春期的孩子虽然在生活上依然需要父母的照顾，在自己的行为管理上也需要父母的监督和敦促，但其实他们内心非常渴望独立，因此他们就会选择用与父母作对的方式来争取独立。

爸爸应该认识到，处在这一阶段的孩子应该要学习独立和自我管理了。因此，爸爸应该顺应孩子成长的需求，学会对孩子放手。对于孩子能独立完成的事情，就应该试着让孩子自己去完成，比如说，给予孩子管理自己的机会，让他自己整理房间，自己规划学习和生活中的作息时间等。

3. 放手，让孩子学会自我管理

当孩子叛逆不听话，不服从你的管理时，你可以向孩子保证在这件事情上不再管他，但是他自己必须能进行自我管理，并协助孩子制订一个自我管理计划。

在孩子们刚开始进行自我管理时，由于缺乏经验，对许多问题思考得不够全面、不够严谨，常常会出现失误。比如说，孩子忘记定闹钟、起床晚了、丢三落四忘记带东西了等。对于孩子在自我管理中出现的失误，老爸们要学着去包容。

因为孩子在一次次失误中获得的经验要比你耳提面命的效果都要好。将管理的权利放给孩子，让孩子进行自我管理，不仅能满足孩子对于独立的追求，缓解紧张的亲子关系，还能帮孩子提高自我约束性，促进孩子健康成长，提高孩子的生存能力。

4. 给予孩子尊重和理解

要想帮助孩子平静地度过青春期，摆脱成长的困境，就需要经常与孩子进行沟通，引导孩子敞开心扉，说出自己的烦恼和忧虑。因此，爸爸应该学会尊重和理解自己的孩子，宽容孩子在青春期的叛逆行为，这样他们才愿意说出他内心的真实想法，并认真听取你的意见和建议。

无论孩子的想法有多幼稚，爸爸都应该予以鼓励和尊重。对于孩子的一些不切实际的想法，爸爸先不要急着否定，要耐心地告诉孩子你对他的想法的一些见解，然后再表明你对他的不赞同并讲明理由。

当孩子不接受你的意见而一意孤行的时候，你可以放手让孩子自己去尝试，让孩子吃些苦头，当然前提是你要保证这些事情不会对孩子的成长造成太大的影响。孩子只有在自己摔了跟头之后，印象才会更深刻，才会相信你的判断能力要比他强，这样他才能心甘情愿地接受你的指导和建议。

5. 避免与孩子激烈对抗

孩子在青春期比较容易产生激烈的叛逆心理，可能说话的时候不分场合而且火气比较大。因此，爸爸们要学会控制自己的情绪，心平气和地去开导孩子，而不是以同样的方式予以还击。如果有必要可以请教一些心理专家，学习用开明的方式和理解的心态来解决孩子的问题。

🐦 拓展游戏

性格训练：在亲子游戏中培养孩子的兴趣、特长及探索精神

儿童时期孩子的生长发育都十分迅速，五六岁的宝宝已经可以学习写字、画画，遇事拥有自己的想法，对外界事物表现出明显的喜恶，性格开始形成。

在这个阶段，由于孩子的身心都有很大的发展，家长应该特别重视与宝宝的沟通。而陪伴孩子一起做游戏，不仅能增加宝宝自己动手和思考的能力，同时也可以给家长和孩子创造愉悦的交流环境。以下我们介绍的几种有趣的亲子游戏，都很适合家长与宝宝一起玩。

1. 纸上的彩虹

游戏目的

通过对自制彩虹的捕捉，指导孩子了解光线的折射，提高孩子的动手能力和对科学知识的兴趣。

游戏准备

不透明的防水袋子一个，大于 1 厘米×10 厘米的小镜子一面，清水一盆、手电筒各一把，白纸一张，剪刀一把。

游戏步骤

用剪刀在袋子上剪一个大约长 10 厘米宽 1 厘米的长方形缺口；然后把镜子装进袋子里，放置在缺口正下方，使镜面在缺口处露出；之后把装着镜子的袋子贴着水盆边缘放进水里，使镜子没在水面以下；最后，一手拿手电筒照射水里的镜子，一手拿白纸在水面之上正对镜面，让孩子仔细观察白纸，就可以发现白纸上出现了一道七色彩虹。

到这里，游戏就做完了，家长可以引导孩子探寻彩虹出现的原因，解释光线折射的原理，激发孩子对知识的渴望。

2. 零食大战

游戏目的

通过使用筷子迅速地夹取东西，锻炼孩子手指的配合与反应速度。

游戏准备

筷子两双，碗两个，适合筷子夹取的零食若干，如核桃、花生、豆子等。

🔅 游戏步骤

把一堆零食放在桌子上或者盘子里，家长和孩子各拿一双筷子一个碗，一方喊开始后双方开始往自己碗里夹零食，全部夹完时结束，然后数数两个碗里零食的数量，数量多者胜出。游戏结束之后所有零食归赢家所有。

3. 奇妙的冰块

🔅 游戏目的

通过简单的实验，让孩子切身感受科学的神奇，引发对知识的向往。

🔅 游戏准备

水杯一个，可放入水杯的冰块一块，细绳一根，食盐一撮，零度以下的环境。

🔅 游戏步骤

这个实验需要在能结冰的环境里做，必须是冬天的室外或者在冰箱的冷冻室。首先，把冰块放在水杯里，让孩子拿着绳子的一头，另一头放在冰块上。然后，在冰块上绳子的周围撒盐，让孩子观察冰块的变化。绳子周围的冰块会慢慢融化，绳子就泡进了水里，再过一会儿水又结成冰，这时候让孩子把绳子提起来，就能发现绳子就冻在冰块里面了。

4. 自制灭火器

🔅 游戏目的

从简单的灭火开始，引导孩子推开化学的大门。

☀ 游戏准备

水杯一个，蜡烛一支，打火机一个，小苏打与食醋各少许。

☀ 游戏步骤

用打火机把蜡烛点燃，把燃烧的蜡烛放置在一个水杯底部，然后加入小苏打和食醋，让孩子仔细观察接下来发生的事情。因为小苏打和食醋混合会产生大量二氧化碳，而二氧化碳是不可燃气体，所以孩子会发现杯子里瞬间产生了大量的泡沫，同时蜡烛熄灭了。

☀ 游戏小知识

在杯子里，小苏打和醋发生了化学反应，产生出二氧化碳气体，冒出的泡沫就是由于无数含有二氧化碳的小气泡组成的。

由于二氧化碳是不可燃气体，当它们包围在火焰周围时，会阻隔氧气，火焰无法再燃烧而被熄灭。

5. 摸到了什么

☀ 游戏目的

通过让孩子触摸不同的物体，加强孩子对形状、材质等触觉的感受和辨识能力。

☀ 游戏准备

不透明的袋子一个，各种孩子熟悉的小玩具和水果蔬菜等。

☀ 游戏步骤

把准备的小东西通通装进袋子里，让孩子把手伸进去摸，摸到什么东西形容一下它的触感，猜猜是什么东西，猜完了取出来看看对不对，之后再摸下一个，家长还可以帮助孩子将取出来的东西一一分类，分别放置。

6. 气功大师

游戏目的

通过手工模型的制作和神奇的游戏效果，进一步锻炼孩子的手指灵活性、培养孩子的耐性和对科学的兴趣。

游戏准备

轻薄的白纸一张，剪刀一把，削尖的铅笔一支。

游戏步骤

将白纸裁成边长4厘米的正方形，然后将正方形纸片沿两条对角线折叠一次，折成一把小小的伞面，用铅笔的尖头顶在小伞的中心，让孩子一手竖直握着铅笔，另一只手掌心朝内贴近小伞，然后仔细观察，一会儿之后，掌心的温度会使小伞周围的空气受热流动，小伞就在铅笔上缓缓转动了，看起来就像孩子对小伞发了气功使它转动一样。

7. 反义词比赛

游戏目的

通过快节奏的游戏，让孩子熟练掌握反义词，并且加快反应速度。

游戏准备

写有简单词汇的字卡数张，词汇难度和字卡张数随孩子掌握程度而异。

☼ 游戏步骤

把字卡反扣在桌子上，家长与孩子分坐两边，双方用猜拳决定先后，赢了的人随机翻一张字卡，说出字卡上词的反义词，说对了就继续猜拳进行下一轮，说错了就由另一方来说，然后进行下一轮，最后看双方谁翻的字卡最多，谁就最终赢得了这场游戏。家长还可以事先准备丰厚的奖品来增加孩子的兴趣。

8. 自动小船

☼ 游戏目的

通过自己动手制作模型和对实验结果的探索来锻炼孩子的动手能力和科学思维方式。

☼ 游戏准备

塑料泡沫板一块，装满水的水盆一个，肥皂一块，剪刀一把。

☼ 游戏步骤

家长指导孩子自己动手，用剪刀在泡沫板上裁下薄薄的一片，然后用这个薄片裁出两只小船，在小船的尾部各裁一个小口。在一只小船的开口处涂抹少许肥皂，另一只不做处理。将两只小船放在盛满水的盆里，让孩子仔细观察小船，过一会儿，抹在船尾的肥皂在水中化开，破坏了周围水的表面张力，水分子向右后方运动，这只小船就自动往前开走了，而另一只小船则停在原地没有动。

第五章

不容忽视的逆商教育：让孩子在
挫折中学会坚强与勇敢

逆商（AQ）：让孩子在逆境中磨砺自己的意志力

1. 逆商的定义

现在除了智商和情商外，社会上又出现了一种新的概念，即逆商。智商（IQ）、情商（EQ）、逆商（AQ）并称为3Q，是成功人士必备的重要因素。甚至在社会上还流传着这样一个等式：100% 的成功 = 20% 的 IQ + 80% 的 EQ 和 AQ，这充分体现了 AQ 的重要性。

逆商（AQ）全称为逆境商数，由美国职业培训师保罗·斯托茨提出，在中国一般被翻译成挫折商或者逆境商。意思是指人们在面对挫折逆境时的反应方式，简而言之，就是一个人克服挫折、摆脱困境的能力。

2014 年号称史上最难就业季，许多大学生在毕业后纷纷选择了自主创业。有调查显示，在社会竞争愈演愈烈的今天，大学生创业成功的关键除了拥有强烈的创业意识、熟练的专业技能和出色的管理能力之外，还要有勇于面对挫折、克服挫折的勇气和能力。因此，父亲要加强对孩子逆商的培养，让孩子在逆境面前能够临危不惧，及时迅速地作出反应，增强孩子的意志力和敢于克服困难的勇气。

逆商不仅可以体现一个人克服挫折的能力，还可以体现出一个人超越挫折的能力。实验证明，如果遭遇同样的打击，AQ 高的人产生的挫折感低，而 AQ 低的人就会产生相对比较强烈的挫折感。

2. 逆商的重要性

心理学家认为，一个人要想获得成功，就必须具备高智商、高情商和高逆商这三个重要因素。在两个人的智商相差无几的情况下，逆商的高低将会对人的成功起着决定性的作用。

高逆商的人可以拥有较高的生产力和创造力，可以使人保持健康愉悦的心情。研究表明，高逆商的人在经历了手术后恢复得比较快，销售业绩也远远超出低逆商的人，同样，高逆商的人得到晋升的机会也比较多。

高逆商不是生来就有的，而是经过后天养成的，因此，父亲们应该重视对孩子的逆商培养，提高孩子的抗挫折能力。

3. 逆商的分类

保罗·史托兹教授将逆商划分为四个部分，简称 CORE。

①Control（控制感）：就是指对周围环境的信念控制能力或者说对逆境的控制能力。

在遇到挫折时，控制感弱的人只会逆来顺受，听天由命；但是控制感强的人则会相信人定胜天，并不断努力改变自己的命运。

②Origin & Ownership（起因和责任归属）：指逆境发生的原因和愿意承担责任的情况。

一般逆境发生的原因可以分为两类：一类是内因，是由于自己的疏忽、无能等情况造成的，通常会表现为自怨自艾、意志消沉；另一类是外因，是由于他人、外界，或者时机等不能归咎于自己的原因造成的。

③ Reach（影响范围）：挫折带来的负面影响所能延伸的工作和生活的其他方面。

逆商高的人会将在某一范围内陷入困境所带来的负面影响控制在这一范围内，并竭尽所能地将负面影响降到最低程度。

④Endurance（持续时间）：认识到挫折的持续时间以及挫折对个人影响的持续时间。

逆境将持续多久？逆境对个人造成的影响能持续多久？逆商低的人，会认为逆境将长时间持续，这样他们将很难从挫折的阴影中走出来；而逆商高的人则会认为只要不畏惧挫折，挫折会很快过去，从而保持一种积极乐观的心态，更好地面对和克服挫折。

4. 如何培养孩子的逆商

在面对逆境时，如果选择了放弃，就意味着选择了失败。为什么有些人为了实现自己的理想努力拼搏过，但是最后收效甚微呢？原因就在于他们在实现理想的过程中遇到了困难，在困难面前，他们选择了放弃和逃避。这种消极的应对方案不仅不能够解决实际的问题，反而会让你陷入更大的困境和绝望之中。

在追求成功的道路上，很多人都缺乏面对逆境的正确态度，他们过着得过且过的生活，时刻告诉自己："这样就够了。"他们为了求得心理安慰，极力为自己寻找放弃和逃避的借口，自认为只要知足常乐就能轻松愉快地生活。但是时间会证明，现在的选择导致以后要付出更大的代价来弥补。只有那些敢于面对逆境、不为艰难的人，才能获得成功。

人的一生总要经历多种挫折才会变得圆满，因此，作为父亲，你应该帮助孩子正视挫折，以积极的心态和有效的手段来应对挫折，具体来讲主要有以下几种方法。

（1）自我激励法

自我激励法就是让孩子激励自己养成良好的品德和习惯，这一方法不仅可以帮助孩子培养良好的道德品质，还能让孩子养成独立思考的好习惯。

指导孩子运用自我激励法要注意以下几点。

①让孩子正确地认识自我，了解自己的优缺点。父亲可以引导孩子自

己分析自身的优缺点，一方面可以让孩子找到自身的闪光点，增强自信心；另一方面可以让孩子通过了解自身缺点，找到今后努力的方向，使自己变得更优秀。高度的自信和自我激励会让孩子变得更勇敢，能使孩子更好地面对和克服挫折。

②让孩子学会自我约束。要将一件事情做好，其中必然会遇到许多挫折，而父亲要做的就是鼓励和引导孩子控制自己的情绪，激发孩子的斗志，让孩子以积极的态度来应对挫折。

③培养孩子的自尊心和上进心。孩子的自尊心和上进心都比较强的话，孩子的潜能就能被最大限度地发挥，使孩子朝着更好的方向发展。

由于孩子年龄比较小，仅仅靠孩子的自我激励，就把事情做成功是比较困难的，因此，父亲在必要时要给予孩子一些有意义的指导和帮助。

(2) 寻找榜样法

都说榜样的力量是无穷的，如果在培养孩子逆商的时候，为孩子寻找一个榜样，那么对于孩子逆商的提高将大有裨益。

"父母是孩子的第一任老师"，而父亲更是孩子心目中的英雄，因此父亲在培养孩子的逆商中起着举足轻重的作用。有的父亲可能会觉得自己并没有做出什么重要的成就，能给孩子做好表率作用吗？请不要忘了，父亲们在工作中兢兢业业、勤勤恳恳的工作态度，对待生活积极乐观的心态，以及对孩子无微不至的关爱和付出，随时都在影响着孩子，孩子们会跟随爸爸们的脚步一步步慢慢成长起来。

当然，父亲也可以为孩子从身边同龄人中寻找榜样，让孩子在你追我赶中获得成长。

除此之外，还可以经常给孩子讲一些励志的小故事，让孩子认识一些勇敢、有毅力、坚强的人物，从中获取力量。

(3) 有意吃苦法

随着经济水平的不断提高，人们的生活质量也得到了提升，许多孩子在优越的生活环境下长大，很少有人知道"吃苦"为何物，因此，父亲们可以有意让孩子们多吃点苦，磨炼孩子的意志，提高孩子独立自主的能力。

可以经常带着孩子去参加体育锻炼，这样不仅可以增强孩子的体质，还可以帮助孩子提高心理承受能力。此外，让孩子平时上下学的时候自己搭公交，暑假参加夏令营等，也是种不错的锻炼方式。

"有意吃苦法"的运用要在保证孩子的身体健康不受损害的前提下进行。如果担心孩子意志力不够，父亲可以参与监督，孩子如果坚持不下去，可以稍微采取一些"特殊"的手段。

(4) 竞赛法

有时候你可能会在生活中碰到这样一类人，你如果让他单独完成某件事情，他就会无限制地将事情延后，或者干脆直接放弃；但如果你能让他知道，有很多人都在干这件事情，就有可能会激发他的斗志和好胜心，从而去积极主动地完成。

造成这种现象的原因就在于每个人都不想承认自己是失败者，特别是青少年，好胜心特别强，父亲可以适当运用孩子的这一心理，运用竞赛法激发孩子的斗志，激励他们不轻言放弃。

竞赛的方法有很多，可以让孩子与同学竞争，也可以让孩子与父亲竞争。比如孩子刚开始学习英语，你为了让孩子能更加用心，可以与孩子比赛一起学，看看谁学得快，学得多。这样不仅可以激起孩子的好胜心，也可以提高自身的素养。

孩子在婴幼儿期，父亲如何对孩子进行挫折教育

苏联教育家马卡连柯曾经说过，对孩子进行合理而恰当的惩罚教育是合理且非常有必要的。这里所讲的"挫折教育"就是指让受教育者在受教育的过程中遭遇挫折，进而激发受教育者的潜能，达到使之掌握知识的目的。如果孩子能够在幼儿期经历过挫折教育，那么对于培养孩子的坚强意志来说将大有裨益。

心理学研究表明：孩子的随意性活动占主要地位。因此，为了增强孩子的意志，锻炼孩子面对困难、克服困难的勇气和能力，父亲要时时更新自己的教育观念，加强对孩子的挫折教育。比如说，孩子摔倒了，先不要忙着去扶他，要在旁边慢慢引导孩子自己爬起来。虽然这看似是一件小事，但是这对于孩子坚强意志的养成有非常重要的意义。

1. 挫折教育的四个阶段

对孩子进行挫折教育，不是靠一句话、一堂课就可以完成的，必须要分阶段循序渐进地进行。

第一阶段：培养孩子的责任感。

适用年龄：0~1岁，低幼阶段。在孩子刚出生的时候，父亲就应该做好对孩子进行挫折教育的准备了。父亲应该给这个阶段的孩子无微不至的照顾和呵护，与孩子建立和谐融洽的亲子关系，让孩子感受到家庭的温馨和家人的关爱，为以后与孩子进行有效地沟通打下坚实的基础。

第二阶段：培养孩子的生活自理能力。

适用年龄：1~3岁，幼儿阶段。处在这一阶段的孩子已经可以自己站立或者行走了。这时候父亲就不要经常抱着孩子或者帮着孩子学迈步了，可以在确保孩子所处周围环境是安全的条件下，放手让孩子去独立完成站立或行走。孩子在发展动作的同时心理也在不断成熟。在孩子稍大一点的时候，可以让孩子尝试自己去料理自己的生活，在这一过程中，孩子不仅可以提高生活自理能力，还能增强自信心，铺好自己未来成长的道路。

第三阶段：培养孩子心理的独立性。

适用年龄：3~5岁，幼儿园阶段。现在许多家庭教育中，父亲经常教导孩子要学会助人为乐。在日常的生活中，父亲也一直在奉行着这一良好风尚，只要孩子会遇到困难，就伸手去帮一把。

但实际上有些需要孩子独立完成的事情，父亲却给予过多帮助的话，孩子就会产生依赖心理，以后再碰到类似的事情，他就很难独立完成了。因此，只要孩子感兴趣并且乐意挑战的事情，父亲就应该鼓励他去独立完成。

第四阶段：培养孩子解决问题的能力。

适用年龄：5~6岁，学前阶段。处在这一阶段的孩子已经开始踏入校园大门，在学校中，孩子接受的是传统的教育模式，主要是培养孩子的数理逻辑和语言表达能力。但这对于孩子的成长来讲还远远不够，父亲要加强对孩子求知欲的培养，培养孩子养成独立思考的习惯。

经常有父亲向笔者抱怨说，本来自己工作压力就很大，但是孩子总喜欢打破砂锅问到底，碰到什么都喜欢问为什么，搞得自己心很烦，不知道该怎么办。其实这说明孩子在独立思考，这时候父亲要表现出极大的耐心，认真地为孩子解答，即便答不出来也不要觉得丢面子，可以跟孩子一起去查阅资料，共同寻找答案，这样不仅可以加深孩子的印象，还可以增进父亲与孩子之间的感情。

2. 挫折教育中父亲易犯的两个错误

（1）没有帮孩子总结失败的原因

孩子在参加学校的足球比赛时输了，看着获胜的小朋友在领奖台上笑逐颜开，没有获奖的小孩子都在台下不说话，坐在观众席上的爸爸们表情也很严肃。后来有一个孩子哭了，其他没有得奖的小朋友也跟着哭了起来。面对这样的场面，老爸们坐不住了，只能跑到孩子面前细声安慰孩子："没关系，输就输了，那些人还不如咱踢得好呢。"

孩子因为比赛输了而哭，既是一种情绪的宣泄，也是一种争强好胜的表现。这时候父亲不能安慰孩子"没关系，输就输吧"，这样不仅没有达到安慰孩子的目的，还会让孩子滋生一种无所谓的心态。因此，父亲应该学会帮助孩子总结失败的原因，让孩子找到自身的不足，这样孩子才能获得成长。

（2）把想法强加给孩子

在有家长到场的公开课上，本来孩子并不想发言，但是回头看到自己父母紧皱着眉头，期望地看着自己，孩子不得不勉强举起手。

因此，父亲应该首先转变自己的观念，不要把你的想法强加给自己的孩子，要提供给孩子更多的选择机会，给他去做自己感兴趣的事的自由，激发孩子的抗挫能力。

3. 父亲进行挫折教育的方法

在现代家庭教育中，父亲已经成为教育孩子的主力，在对孩子进行挫折教育时，父亲应该认识到幼儿期是孩子个性养成的关键期，让孩子品尝一些生活的苦难，懂得在挫折中获取经验，有利于帮助他们养成吃苦耐劳的精神，提高独立自主能力，增强克服困难的勇气。

要知道对孩子的挫折教育是贯穿于日常的生活细节中的。比如说，如果孩子摔倒了，父亲可能会赶紧跑上前扶起孩子，并对孩子说："是这个地面不好，让我们宝宝跌倒了。"

如果你这样告诉孩子，孩子就会将自己的摔跤归结于外部原因，从而不能正确地认识和面对挫折。因此，父亲应该做的就是帮助孩子找到产生挫折的原因和应对挫折的办法，比如可以告诉孩子"走路的时候注意脚下才不会跌倒"。

作为父亲，应该学会放手，大胆地让孩子去尝试自己感兴趣的事，哪怕受伤，哪怕失败，你也要让孩子自己去体验挫折，自己去学会成长。同时你还要让孩子知道，你永远是他的坚强后盾，永远会在背后默默地支持他。

父亲还可以人为地创设一些情境锻炼孩子的抗挫能力。鼓励孩子参与各种活动，让孩子在活动中学会面对和克服困难。学会从挫折中受到教育，培养他们吃苦耐劳的精神和独立自主的能力。

父亲要有敢于让孩子接受挫折的勇气和引导孩子走出挫折的耐心。据统计，目前我国中小学生存在的心理疾病中，有30%是因为孩子在幼年时期经历挫折的时候没有得到正确的引导，这些孩子在遇到挫折的时候通常会表现为情绪低落、消极，并试图逃避挫折。

为了让孩子们能够正视和解决困难，父亲要帮助孩子体验克服困难的喜悦，增强孩子的自信心。除此之外，还要让孩子明白，遇到困难之后就一味地逃避，是不能解决问题的，只有用合理的手段来克服困难，以后才能够不惧怕困难。比如说孩子个子很小，经常受到同学的嘲笑，你可以这样安慰他："个子小怎么了，浓缩的都是精华，我们要比他们更聪明。"

人在一生中总要经历无数次的磨难，只有让孩子从小就接受这样的训练，长大后才能更坚强地面对一切。

在这里需要特别提醒的是，父亲在对孩子进行挫折教育，创设困难情景的时候也要注意几个问题。

（1）注意适度和适量

为孩子创设的困难情景既要有一定的难度，能够引起孩子的挫折感，又要让孩子可以通过努力来克服。同时不要让孩子一下子面临多个挫折。适度且适量的挫折能够让孩子自己调整心态，正确地选择应对的办法，从而克服困难，体验成功的愉悦；而过度的挫折则有可能会挫伤孩子的自信心和积极性，从而对困难产生恐惧感。

（2）及时鼓励

当孩子遇到挫折想要退缩时，父亲要及时给予孩子鼓励。要让孩子明白，人在一生中会遇到很多挫折，而关键就是正确地认识和对待它们，然后一鼓作气努力向前，这样最终才能战胜挫折。

（3）对于被挫折挫伤的孩子要及时进行疏导

如果孩子不能及时从受挫的阴影中走出来，将有可能影响孩子以后的健康成长。因此，在孩子克服不了挫折的时候，父亲可以帮助孩子一起分析受挫的主、客观原因，找到失败的根源。必要的话，可以帮助孩子一步步实现目标，让孩子知道只有一步步战胜困难，才能逐渐向成功迈进。父亲在平时要善于观察孩子的活动，掌握孩子的动向，在孩子确实需要帮助的时候，及时伸出援手。

（4）多给孩子一些与同伴交往的机会

孩子在与同龄小伙伴交往的过程中会发现别人与自己的不同，从而能更好地认识自己和他人，克服以自我为中心的坏习惯。通常情况下，孩子在同伴群体中会遇到一些挫折，例如与小伙伴闹矛盾，被迫屈从于被领导的地位等，他必然会在这种矛盾和摩擦中学会如何与人相处，学会如何保证自己在同龄人中的地位。这样不仅有利于提高孩子的抗挫能力，还有利于激发孩子的合作意识，更好地克服困难和挫折。

孩子心理敏感、脆弱，如何让孩子变得内心强大

随着人们生活水平的不断提高和教育观念的不断更新，父母们开始关注孩子的心理健康，为了不让孩子的心灵受到伤害，父母们不舍得让孩子受一点儿委屈，并且重视对孩子的夸奖和赏识，但是这样对孩子来讲到底好不好呢？如果孩子一直生活在父母的羽翼之下，没有遇到过任何挫折，孩子的心灵就会变得更加脆弱，一旦有一天父母再也不能保护孩子了，有人伤害了孩子的心灵，那他能承受住吗？

有的父母唯恐孩子在外面受到委屈，一旦孩子回家哭诉说老师的不公待遇或者受到同学欺负时，家长就有些坐不住了，要么去学校找老师投诉，要么就去孩子的同学家里评理……

父母对孩子的维护和关爱我们可以理解，但是父母在为孩子讨公道之前考虑过自身的原因吗？因此，作为一家之主的父亲，在碰到孩子受委屈的时候，不要盲目冲动地将责任归咎到别人身上，而是首先应该帮助孩子调整好自己的情绪，然后再反省一下是不是自己在教育孩子的方式上出了问题，最后再想办法积极地解决问题。

有一次笔者在一所学校门口就遇到过这样一件事，两方学生家长在学校

门口大打出手，甚至连双方的爷爷奶奶也加入到了战斗中来，周围还围了一圈儿"观众"，那么到底是什么原因造成了这场声势浩大的打架事件呢？

后来经过询问旁边的人才知道，原来就是两个小孩在学校里打了架，后来告诉了家长，家长就跑到学校给孩子来争理，于是就造成了目前这种状况。这本来就是小孩子之间闹的小矛盾、小摩擦，但是因为家长们都护子心切，没有事先做一下自我检讨，就将责任推到对方孩子身上，这样双方不打架才怪！

家长们如此地"护犊子"，孩子们会怎么想呢？他们会认为自己受了委屈就应该得到父母的支持，反而不去检讨自身的原因。于是很多孩子即使在理亏的情况下，也依然认识不到自身的错误，反而觉得无论如何自己都不能吃亏。俗话说，"吃亏是福"，只有吃一点亏，才能让孩子反思自己，并从中吸取经验教训。这样即便以后孩子再吃亏，只要自己理不亏，心中也会是坦然的。

孩子总是要学会成长的，因此，父母要学会对孩子放手，大胆的让孩子去尝试，即便失败和受伤，也要让他学会承受，此时的"绝情"才是真正地爱孩子。

在课堂上老师提问学生，提问了三个同学，前两个同学都没有回答上来，于是老师对第一个学生和第二个学生说，你们怎么不会回答，肯定是上课没好好听讲！

后来下课后，第二个学生跑到老师的办公室，对老师说，我是不会回答，但我听课了，但你为什么说我没听课！说完后，这个学生就从窗台边跳了下去，悲剧就这样酿成了。

老师的判断可能出现了失误，但这样的失误不管是在老师教育学生，还是家长教育孩子的过程中都会经常发生。比如说，父亲因为误会了孩子，对孩子进行了批评教育，这应该是一种很常见的现象，因此，我们不应将问题的症结放在老师身上，我们应该看到我们孩子的心灵是多么的脆弱。仅仅因为老师的错误判断就用自己的生命去证明，值得吗？这样的孩子是如何成长起来的？难道一直将他们放在温室里培养吗？这样经过重重保护的孩子如何能够经得起风霜？

其实父母对孩子的这种保护我们能够理解，很多家长在育儿书中看到：家长们要多夸奖孩子而不是批评孩子。于是一旦有人批评了孩子，家长就会担心这样会不会伤害孩子的自尊心呀？孩子会不会从此变得一蹶不振啊？

这样其实是家长走上了另一个极端，就是对孩子"太好了"，即便孩子做得不对，家长也要先用笑脸相迎，然后用一些比较委婉的语句来提醒孩子，长此以往，孩子的心灵就会变得越来越脆弱，以至于听不得别人对他说不，就算是父母要教育孩子，也要用比较温和的方式才行。如果这样想，父母教育子女也确实不容易，一方面要让孩子认识到自己的错误，另一方面还要不伤害孩子脆弱的心灵。

但实际上批评和打击是孩子成长过程中必须要经历的，如果孩子遇到挫折，作为父亲，你应该首先帮助孩子找到挫折产生的原因，比如说孩子在学校里受到老师的批评，你就应该告诉孩子受到老师的批评是成长过程中必须要经历的事情，然后帮他分析为什么会受到批评，如何做才能受到老师的欢迎。只有经过挫折的磨炼，孩子的心灵才会变得更加坚强，在挫折面前才能无所畏惧。

为了让孩子健康成长，父母都尽量为孩子提供一个优越的生活条件，尽可能地满足孩子物质上和精神上的需求，但是这样真的有利于孩子的成长吗？

有一个农场主，他拥有一个很大的农场，农场上长着各种各样的庄稼。农场主每天都会让孩子在农场里辛勤地工作，给庄稼施肥，给庄稼浇水……

有一天农场主的朋友来农场看这位老朋友，看到他的孩子这么辛苦，于是就对农场主说："你不必让孩子这么辛苦，庄稼也能长得很好。"

农场主笑了笑回答说："我又不是在培养农作物，我这是在锻炼我的孩子。"

原来培养孩子，就是要让他吃点苦头。

在日本的一家动物园里，有一个专门饲养猴子的专业饲养员，但是他喂养猴子有一个特点，那就是从来不会将食物好好地摆在一个地方，而是将食物放在树洞里，猴子很难轻易吃到食物。

但是正因为不容易得到食物，猴子反而每天都会竭尽全力地去够食物，后来经过长时间的琢磨，猴子学会了用树枝伸到树洞里够食物。

有人看到了，感到很奇怪，就对饲养员说："你怎么这样喂猴子呢？"

饲养员却说："这种食物猴子是不喜欢吃的，平时你如果将食物放在它眼前，它连看都不会看，更不会去吃了。所以我才想到了用这个办法去喂它，只有让它费了很大的力气得到，它才会吃。正是因为比较难得到，它才会更加珍惜。"

饲养员为我们描述了一个人生中的真理，只有努力去得到的东西，才会去倍加珍惜。

从上面的故事中，我联想到了现代许多父母教育孩子的方式，我们的中国家长们花费了大量的时间、精力来陪孩子，当孩子的专属保姆，为孩子操碎了心，但是孩子却变得越来越自私、懦弱和蛮横。

现代许多家庭中"望子成龙""望女成凤"的观念可以理解，但是为了让孩子成为"龙""凤"就无节制地满足孩子，最终孩子却被培养成了"虫"。

同时，优越的生活条件和父母对孩子过分溺爱的教育方式不仅使孩子养成"衣来伸手，饭来张口"的坏习惯，还让孩子失去生活的能力和独立自强的信心。不论碰到什么困难和挫折，他们都会想到有父母在保护自己，长此以往，孩子想要积极进取的奋斗精神也会慢慢被扼杀，心理承受能力也会越来越弱。

因此，加强对孩子的挫折教育就成了现代父母必须要掌握的一门课程。那么对于父亲来讲，如何对孩子进行挫折教育，才能让孩子的心灵更加坚强，从而远离更多的伤害呢？

具体来讲，可以从以下几个方面进行。

1. 该碰的钉子就应该让他碰

孩子初来世上，年幼无知，少不更事。父母为了让孩子少受伤害，将孩子放在温室中，细心地呵护。父母这样做，就好比给刚出生的鱼儿套上救生圈，这样的鱼儿是永远也学不会游泳的。因此，在适当的时候，父亲应该"狠"下心来，果断地将孩子放在室外，让他经历风霜的洗礼和痛苦的磨难。

2. 该绕的弯路就应该让他绕

要想获得成功，就必须经历一些挫折和磨难，但是现代许多家长为了让孩子免受苦难的折磨，早早地为孩子安排好人生。这样的孩子比起普通人来，心灵更脆弱，更经不得别人的否定和拒绝，受不了生活的磨难和压力。

因此，在孩子想要做成某一件事情的时候，父亲不应该为了让孩子少走弯路就走在孩子面前为他们打通道路。应该学会放手让孩子自己去经历，去尝试，这样孩子才会变得更加坚强。

3. 该受的苦就应该让他受

只有让孩子了解到幸福来之不易，他们才会倍加珍惜。因此，适当的时候让孩子吃点苦头是很有必要的。

4. 该动的脑子就让他动

孩子有自己的思想和思维模式，因此，在孩子遇到困难的时候，父亲先不要急着给孩子出主意，要给他们独立思考的空间，这样不仅可以锻炼他们的独立应变能力，还可以让他们体验生活的艰辛，帮助孩子健康成长。

成长比成功更重要：不要剥夺孩子体验失败的权利

"失败是成功之母"，也就是说每个人在成功之前都要经历多次失败。但是在现代家庭教育中，许多父母为了防止孩子因犯错误而受到伤害，就对孩子的事情大包大揽。但是父母们有没有想过，孩子总是要长大的，等孩子长大，父母变老之后，父母能够为孩子做的事情就越来越少了。因此家长要学会放手让孩子成长，让孩子拥有经历失败和挫折的机会。

孩子在成长过程中总要经历一些失败和挫折，但是这对于孩子来讲是一种财富，是一种成长的动力。只要他们能尽早体会到失败的滋味，就能更快地学会成长，而父母要做的就是在孩子背后默默地支持他们，给予他们理解和安慰。

在海边有一个小渔村，村里的渔民们都以打鱼为生，其中有一位渔民非常善于捕鱼，每次出海打鱼都能满载而归，被村里其他渔民尊称为"渔王"。

随着渔王一天天变老，渔王也有了自己的烦恼。因为，虽然他捕鱼技术很高，但是他的三个儿子的捕鱼技术却都很一般。于是他逢人就说："我真搞不懂，为什么我捕鱼技术这么高，我的儿子却这么差？我从他们开始懂事的时候就不断传授给他们捕鱼的技术，教给他们怎样织网才能捕到最多的鱼，怎样划船才最不会惊动鱼群……等他们长大后，我又教他们怎样辨识潮汐和鱼汛……我把我这么多年积累的经验都传授给了他们，可他们的捕鱼技术却比不上普通渔民的儿子。"

于是有人听了他的诉苦就问他："你一直是手把手地教他们吗？"

"对啊，为了让他们能学到一流的技术，我一直很耐心很仔细地教他们。"

"他们一直都跟在你后面吗？"

"对啊，为了让他们少走弯路，他们一直跟在我后面学。"

那个人笑了笑说："这就是原因所在，你只教给了他们技术，却没有给他们获得教训的机会，要想学习一门技能，没有经历过失败，没有获得过经验，就不能获得成功。"

故事中渔王只教给了孩子捕鱼的技术，却没有让孩子尝试过自己捕鱼，这样不论渔王传授给孩子多高的技术，孩子的捕鱼技术还是很平庸。这其实也影射了现代家庭教育中很多父母教育孩子的方式，他们为了孩子，倾其所有，从时间到精力，从金钱到物质，给予了孩子无微不至的关怀和帮助。

通常来说，父母为了孩子付出了那么多，孩子应该更优秀才对，然而事实却并非如此，很多父母都在疑惑，为什么我们为孩子付出那么多却得不到相同的回报呢？事实上故事中那个人的回答道出了问题的根源："没有给他们获得教训的机会。"

我们可以这么说，中国的父母是世界上最无私的父母，他们为了孩子愿意牺牲一切，甚至是生命。孩子不会系鞋带，有爸爸妈妈帮忙；孩子们与小伙伴发生冲突，有爸爸妈妈护着；孩子书包太重，有爸爸背着；孩子的书包需要整理，有妈妈整理；孩子有不会的数学题，有爸爸帮忙做……

可以说只要孩子做起来费力的事情，一切都有爸爸妈妈冲锋在前，孩子们只要乖乖地待在父母身后就可以了。在这样的生活环境下成长起来的孩子，能够经受住生活的考验吗？能变得越来越优秀吗？

有的父母可能会说，现在孩子还小，等以后孩子长大了有了能力自然就会解决。其实这种想法是错误的，没有一个人能够遇到任何难题都迎刃而解，也没有一个人会一辈子顺风顺水。人的一生总要遇到挫折，只有经历过挫折并战胜挫折的人，才会慢慢学会强大。

"父母应该站在孩子背后"，在孩子的成长过程中，父母应该成为站在孩子背后的那个人，而不是做孩子的开路先锋。父母要学会鼓励和引导孩子独立解决生活中遇到的难题。

相对于中国父母对孩子无微不至的关照，日本的家长却一直在坚持让孩子学会独立。

北京的李先生曾经到日本留学，邻居是一对日本夫妇。他们家有一个5岁大的女儿，长得非常乖巧可爱。

有一天李先生跟他们一家人结伴去河边钓鱼，李先生和小女孩的爸爸在河边安静地钓鱼，小女孩在身后的草丛上捉蝴蝶，而妈妈则坐在树下看着女儿玩耍。

后来身后传来了一阵哭声，李先生回头一看，原来是小女孩不小心摔倒了，靠着小女孩最近的李先生赶忙跑过去想要扶起她，但是小女孩的爸爸跑过来拦住了李先生，并对孩子说："孩子，不准哭，你要自己站起来。"一同赶来的妈妈也用鼓励的眼神看着孩子，而没有丝毫想要扶起她的意思。

但是孩子似乎受了伤，一直躺在地上哭，不肯站起来。

这时爸爸愤怒地喊道："不许哭，站起来！"

这一声叫喊把身边的李先生都吓了一跳，这时候小女孩看了看身旁的父母，似乎感觉到他们都不会来扶自己了，于是便慢慢止住了哭声，自己爬了起来。

爸爸见到孩子爬起来后，走到孩子身边把孩子抱起来说："宝贝，你做得真棒，摔倒了都能自己站起来，你是爸爸最乖的孩子。"

小女孩这时候似乎也有点明白了，她使劲抱住爸爸的脖子说："爸爸，我知道了，我以后摔倒也不哭了，我一定要做个乖宝宝。"

然后小女孩就从爸爸身上下来，又一蹦一跳地跑到一边玩耍去了。李先生看到这一场面感慨万千。

如果在中国发生类似的情况，我相信几乎所有的父母都会飞奔过去扶起孩子，然后关切地问"怎么样啊，疼不疼啊"。有的父母为了防止孩子哭，还会抢先说"没关系，一点都不疼对不对？"事实上疼与不疼都属于孩子的直接感受，父母不要去控制孩子的感受。如果一个孩子连表达自己感受的自由都没有，你怎么指望他能做好别的事情呢？

因此，父母要及时收回你们将要伸出去的手，给孩子体验失败的机会，培养孩子养成独立自主的好习惯。这样虽然看似"无情"，但却是在帮助孩子真正的成长。

其实孩子从来都不会惧怕挑战，失败了、受挫了又有何妨？只要孩子能从中得到一些成长，即便失败也是一种成功。

暑假里，王老师带着学生去露营，他惊奇地发现城市的孩子几乎对生活的常识一无所知。于是他没有把在乡间生活的细节告诉孩子们，而是给了他们一些提示，比如说住在哪里，会有哪些活动，等等。

之后，从生火、做饭到搭帐篷，都必须由孩子们来独立完成，就这样孩子们在不断地摸索、失败中，学会了用自己的方式来解决问题，并能很快找到解决问题的方法。几天之后，孩子们要准备回家了，王老师特地召集同学们在一起谈谈在本次露营中有什么收获。

有的孩子说："原来我在搭帐篷上很有天赋。"

也有的孩子说："在家里，爸爸从来都不让我进厨房，说里面有火有油会伤到我，但是我发现原来自己做饭吃也很有趣。"

……

看，离开了父母的孩子们也同样可以独立完成很多事情。只有让孩子去独立面对失败，他才能学会独立思考。当孩子独立解决了一项难题，并骄傲地向你炫耀时，这份喜悦和高兴对于他来讲是你给他的任何关爱都无法取代的。

因此，只要孩子愿意，你就应该给孩子一个独立的机会。如果你只会跟孩子说"这个太危险了，不能玩儿！""这个太难了，你玩儿不了"，那么孩子可能什么都不会做了。当然，如果孩子要去做的事情非常危险，家长们也要慎重考虑。不过慎重考虑并不意味着阻止，可以为孩子选择一些安全的方法。比如说孩子想玩轮滑，你就可以给他戴好护膝与安全帽，并安排一个相对安全的轮滑场地。

由此，作为父亲的你，首先应该要正确认识失败。

1. 失败并不可怕，可怕的是你不敢失败

众所周知，不经历失败哪能获得成功。在现代家庭教育中，许多父母过分地溺爱孩子，不让孩子面对失败，甚至将孩子的失败看作是一种耻辱，剥夺了孩子体验失败的权利。

这一点，作为男性家长，更是对孩子提出了严格要求，从小便向孩子灌输一些一定要争第一的思想，一旦孩子遭遇失败就批评、责骂孩子，给孩子的心灵造成了一定的创伤。因此父亲首先应该正视孩子的失败，对孩子进行积极的引导。

2. 孩子需要成功，也需要失败

凡是让你跌倒的地方，往往是给你留下印象最深刻的地方，作为父亲的你来讲可能对这一点有更深的体会。因此，让孩子在生活中承受一些失败的压力，对孩子的成长是有利的。必要的话，你可以人为地为孩子制造一些失败，让孩子从中吸取经验。

3. 要包容孩子的失败

很多情况下，孩子的失败对父母的冲击要超过对孩子的冲击。尤其是作为父亲不忍心看到孩子失败，于是便伸出手相助，从表面上来看是在帮孩子，但实际上让孩子失去了体验失败和挫折的机会。因此，父亲应该要相信孩子能够承受住挫折，要相信他们一定能凭借自己的力量获得成功。

当孩子在遇到挫折的时候，父亲一定要学会鼓励他们。可以微笑着对孩子说："这点挫折没什么，爸爸相信你一定能够克服的。"要告诉孩子失败是成长过程中必须面对的一个环节，聪明的人会懂得从失败中获取经验，并能迅速从失败的阴影中走出来，勇敢地向前冲。

告诉孩子不要害怕竞争，培养孩子的受挫力和竞争力

在现代家庭教育中，许多年轻的父母一直在纠结着一个问题，由于他们小时候都是在父母的高压政策下成长起来的，因此他们非常想让自己的孩子拥有一个轻松快乐的童年，然而随着社会经济的不断发展，人与人之间的竞争越来越激烈，在现在这个弱肉强食的时代，如果你不能变强，你只有被吃的份儿，因此，家长们还希望自己的孩子能够通过不断努力获得成功。

事实上，在现今的社会大背景下，不管孩子是在学校里，还是在工作中都不可避免地要与他人进行竞争。如果父母为了让孩子有一个无忧无虑的童年而淡化了孩子的竞争意识，那以后孩子将很难在社会上立足。

竞争在我们的生活中无处不在，不管你喜不喜欢、愿不愿意，每个人都需要面对生活中出现的各种各样的竞争。"物竞天择，适者生存"，只有能够适应竞争环境的孩子，才能在这个社会上生存。由此，引导孩子养成竞争意识，提高孩子的竞争能力，就成了摆在父亲眼前的重要课题。

现在许多孩子因为害怕失败而不愿意参加一些竞争性的活动，许多父亲因为疼爱孩子也不忍心让孩子吃苦。但是这样的话孩子就会很快失去斗志，以后遇到事情也只会逃避、畏缩。因此为了提高孩子的综合素质和心理素质，以便将来能在激烈的竞争中占据优势，父亲必须要加强对孩子竞争意识的培养。

一对华人夫妇将儿子送到了美国的一所中学读书，孩子念到高中的时候，学校要举行校际间的足球赛。孩子想要参加学校的足球队代表学校去比赛。但能否进校队不是老师或者教练说了算，而是要通过一个"淘汰竞争"的测试。每个学生都有机会参加"淘汰竞争"，但最后能否进校队，还要看自己在竞争中的表现。

"淘汰竞争"刚开始是绕学校跑3000米，接着就是三组400米跑，然后是四组100米往返跑。跑完这些下来，学生们都已经累得气喘吁吁了，但是这时竞争才刚刚开始。随后，学生们又开始了绕学校跑3000米，接着就是三组400米跑，然后是四组100米往返跑，第二轮下来之后，学生们已经筋疲力尽了，但是还有第三轮、第四轮在等待着他们。在第三轮的竞赛中，有的孩子在赛场上抽筋、有的孩子晕倒在赛场上，有的孩子则在赛场不停地呕吐……

看到这一幕，华人夫妇有些害怕了，想让孩子放弃比赛，但是如果让儿子做第一个放弃比赛的人，他们又觉得有些丢面子。于是夫妇俩就在犹豫不决中看着孩子跑完了一圈又一圈。

最后比赛结束后夫妇俩问孩子："那些跑在最后的人一看就没什么希望了，为什么还要跟着一起遭罪呢，干脆放弃算了。"

但是儿子却严肃地告诉父母说："这当然不行了，自己主动放弃比赛和选不上是两码事，你可以退出这次的竞争，但是如果你次次都退出，你到最后还能干什么呢？再说了不到最后谁也不能说谁会赢。"

像美国存在的这种"淘汰竞争"在中国是很少见的，这种竞争不仅仅是为了测试孩子的体能，更是对孩子意志的一种考验。在美国，他们非常崇尚竞争和热爱运动，因此，为了培养孩子的竞争意识，增强孩子的竞争能力，他们会鼓励自己的孩子参加篮球队、足球队等体育团队。

通过参加各种体育活动，不仅可以锻炼孩子的身体，还可以让孩子养成团队协作的精神。一般的体育活动都是具有竞争性的活动，孩子们通过体育竞赛体会到竞争的乐趣，品尝到失败的痛苦或者胜利的喜悦，帮助孩子形成积极乐观和坚强向上的性格。因此，在这一点上，中国的父母要向美国的父母学习。

作为孩子的父亲，要想让孩子在残酷的环境中赢得竞争，就应该从孩子小时候开始，培养他正视竞争、勇于竞争、善于竞争的勇气和能力。父亲可以通过正面教育，培养孩子的竞争意识，在日常生活中加强对孩子能力的训练，具体来讲，要做到以下几点。

1. 培养和发展孩子的个性

心理学研究表明：一个孩子的个性与竞争能力是息息相关的。因此，要提高孩子的竞争能力，就要根据孩子的需求和兴趣培养和发展孩子的个性，这样不仅可以让孩子了解更多的科学知识，还可以培养孩子形成特殊的本领和需求，促进孩子人格的形成。

一个比较有个性的孩子在竞争意识和竞争能力方面往往要强于其他人，而且能够在各种竞争中表现得更有自信。

2. 鼓励孩子勇于创新

没有创新就没有进步，没有进步就没有赢得竞争的基础。因此，作为孩子的父亲，应该学会鼓励孩子去创新，通过激发孩子的求知欲，引导孩子发现问题，并尝试自主解决问题。父亲要懂得摒弃传统的答案和教育模式，解放孩子的天性，让孩子尽情发挥自己的想象力。对于孩子的新观念、新思想，父亲要学会肯定和表扬，并鼓励孩子继续进行探索。

3. 鼓励孩子参与竞争

在中国典型的家庭教育中，总是将"好孩子"定义为"乖"和"听话"。虽然这样的"好孩子"可以让父母少操点心，但是他们也往往缺乏个性，没有抗压的能力。因此，要增强孩子的竞争意识，父亲还要鼓励孩子积极参与竞争性的活动，让孩子敢说、敢干、敢于接受挑战。

父亲可以与孩子一起参与竞赛活动，孩子在刚开始迈出第一步的时候往往比较难，但是如果有了他们崇拜的父亲在身边陪伴，相信孩子们会更加勇敢的。

4. 鼓励孩子相信自己

相信自己，实际上就是一种自我竞争意识，一个连自己都不相信的人，怎么去和别人竞争。因此，父亲要鼓励孩子自己去看待某个问题，并用自己的思维来解决问题，如果孩子做得对，父亲要及时予以肯定；如果孩子做得不对，父亲就应该引导孩子及时纠正错误的做法。这样孩子才能找到自信，有了自信之后，他才会相信自己能够凭借个人的力量去实现自己的目标。

5. 帮孩子找到竞争优势

"尺有所短，寸有所长"，每个孩子都可能是完美的，因此，帮助孩子找到自己的优势，树立自信，这就是现在许多父亲要做到的。父亲要引导孩子发现自己的优点，然后不断强化这种优点，让孩子逐渐克服害怕竞争的毛病，慢慢变得自信起来。

孩子的兴趣是多种多样的，只有帮助孩子找到自己的长处，发掘自己的潜能，孩子才能在以后的竞争中赢得优势，减少受挫的机会。有竞争就会有胜负，父亲还要告诉孩子，竞争的结果并不重要，即使是处于劣势，也要保持积极进取的心态，还要告诉孩子与竞争对手的竞争对自己来讲本身就是一种成长，因此应该尊重每一位竞争对手。

6. 教孩子在竞争中学会合作

有时候个人的力量是非常渺小的，这时候就需要与别人进行合作。而且随着社会竞争越来越激烈，合作的重要性也日益凸显出来。因此，父亲在提高孩子竞争意识的同时也要注意培养孩子的合作精神。要让孩子知道，竞争并不是为了轻视别人、抬高自己，而是为了在竞争中了解团队其他成员的优势和不足，以便于及时弥补自己的缺陷，在以后的竞争中增强自己的优势。

逆商小测试：作为父亲，你的
思维观念决定孩子的逆商

现如今80、90后这一代人已陆续结婚生子，升级做了爸爸妈妈，这些新升级的父母经历了短暂的无措后，就把自己从孩子模式转到了父母模式，而新模式开启后，他们首先将精力对准了教育问题。由于传统高压摧毁了好大一批同胞，他们痛定思痛，自己的下一代必须得教育出强大的心理来。这计划好不好实现呢，就让我们通过以下的题目先测一测，你能不能教育出高逆商的下一代。

测试开始：

1. 逆商成长史

①成年以前，你在家庭环境中是否感觉父母对你很严厉？

A. 比较宽松（10）

B. 比较严格（5）

C.　高强度管理（0）

D.　放任自流（–5）

②在你的孩提时代，父母是否尊重你的想法？

A.　积极聆听（10）

B.　会被驳回（5）

C.　没人关心（0）

D.　不敢诉说（–5）

③0~12岁，你跟同龄小伙伴的关系怎么样？

A.　相处非常融洽（10）

B.　都是一些普通朋友（5）

C.　几乎没有朋友（0）

D.　害怕与他人交往（–5）

④在你长大的过程中，印象里你父母之间的相处是否融洽？

A.　非常融洽（10）

B.　还算可以，他们基本各忙各的（5）

C.　没有相处，单亲（0）

D.　简直是噩梦（–5）

⑤在学校遇到挫折时（如考试不及格、被老师罚、同学矛盾），父母如何反应？

A.　了解情况，理解安慰（10）

B.　看情况，有时候说我两句（5）

C.　不问原因，直接批评（0）

D.　揍一顿（–5）

⑥遇到挫折后你是否有过偏激的想法，如果有，是什么？

A.　从来没有（10）

B.　逃课（5）

C.　离家出走（0）

D.　结束生命（–5）

2. 逆商的现在

①面对重要的考试，一旦成绩很差你会有什么感想？

A. 下次一定会考好（10）

B. 痛苦一阵子（5）

C. 一切都完了（0）

D. 无所谓，不关心（-5）

②毕业了找工作，面试过后总是被拒，你觉得这是为什么？

A. 面试公司不适合自己（10）

B. 面试时没有表现好（5）

C. 面试官水平不行（0）

D. 没钱没背景，当然步步为难（-5）

③工作中遇到不如意，你会找谁倾诉？

A. 爱人或死党（10）

B. 关系不错的朋友（5）

C. 工作伙伴（0）

D. 自己闷心里（-5）

④被死党背叛，你会怎么做？

A. 弄清楚这件事发生的原因，尽快摆脱负面情绪（10）

B. 难过，但也无可奈何，日子还要照过（5）

C. 立刻绝交，从此成为陌路（0）

D. 整个人极端愤怒，并且沉陷愤怒情绪中很久（-5）

⑤你有没有想过未来可能发生很不好的事？

A. 一次也没有（10）

B. 想到过几次（5）

C. 时常会有这种联想（0）

D. 对未来惶惶不安，非常恐惧（-5）

⑥生命里最困难的时候，你是怎样度过的？

A. 保持乐观的心态，自我救赎（10）

B. 依靠家人的支持（5）

C. 时间久了，什么都会过去（0）

D. 在负面情绪里泥足深陷，现在想想还是觉得很难过（−5）

3. 逆商在将来

①你希望你的孩子长大后过什么样子的生活？

A. 幸福快乐（10）

B. 稳定踏实（5）

C. 成功富有，声名显赫（0）

D. 实现我的梦想，过我想要的生活（−5）

②你会跟孩子怎么沟通相处？

A. 做孩子亲密、信赖的朋友（10）

B. 站在平等的位置，与孩子互相尊重（5）

C. 跟他讲道理，说服他（0）

D. 我说什么就是什么，孩子要听我的话（−5）

③将来与孩子生气的时候你怎么做？

A. 站在孩子的立场重新思考，与孩子做进一步的沟通（10）

B. 冷处理，等他自己意识到错误（5）

C. 非常生气，大声喝止（0）

D. 对未来感到灰心和绝望，觉得孩子无药可救（−5）

④如果你的孩子遇到困难，处理不当，你会怎么做？

A. 帮助孩子一起分析问题，关怀鼓励（10）

B. 帮助孩子认识到失败原因（5）

C. 认为孩子没有用心，要求他改正（0）

D. 对孩子非常失望（−5）

⑤你会不会让孩子接受专门的逆商教育？

A. 当然会，做高逆商宝宝的父母可是很省心的（10）

B. 应该会，不能让宝宝向我当初一样吃亏（5）

C. 不了解，不好说（0）

D. 不会，我就没有接受过不也长大了（-5）

⑥你会让父母用传统的教育观念培养你的孩子吗？

A. 不会，孩子的性格要从小培养（10）

B. 不会，但是孩子很小的时候不用管太多，长大一点再引导也行（5）

C. 不一定，虽然不喜欢，但是老人帮忙会比较轻松（0）

D. 会的，现在社会都是老人帮忙带（-5）

测验结果：

A. 180分~135分

恭喜你，获得如此高分，可见你长大的过程非常顺遂，定是生在父母友爱、兄友弟恭的家庭，身边满满的正能量，照亮自己也照亮宝宝，在你的照耀下你的孩子一定会具备超高的逆商。

B. 134分~90分

看起来你的成长不是一路平坦，成功光环的背后也不缺少磕磕碰碰，但是你都走过来了而且走得很好，而今眼界和心智都非常成熟的你对孩子的教育也有一把刷子，只要你肯走进宝宝的内心，你就会成为高逆商宝宝的父母。

C. 89分~45分

你在长大过程中遇到了很多挫折，而且没有人给你指引正确的方向，这样长大的你面对许多问题都觉得棘手，但是作为父母，因为你自己已经吃过了亏，所以更加重视孩子的教育。你要做的是努力找到科学的教育方法，这样就能让孩子少走弯路。

D. 44分~0分

你的成长简直是荆棘遍布，虽然你自己很努力地走到了今天，但是成长过程还是在你心里留下了重重地阴影，你的内心深处住着一个没有安全感的小孩。所以在下一代的教育上，不自信的你更愿意相信成绩分明的考核，喜欢用冷冰冰的分数丈量自己的孩子。这样长大的孩子很难有高逆商，建议你多咨询早教机构，不要让孩子输在起跑线上。

E. -1分~-45分

爱抱怨的你一定对你的人生很不满意，可是事物都有两面性，你不能只往阴暗里看啊，你在教育孩子上也毫无头绪，不如去请教早教机构，在专业人士的指导下培养孩子，或许能让你的宝宝走一条明朗的道路。

F. -46分~-90分

你一路迷迷糊糊地长大，根本对逆商没有概念。你能培育出高逆商宝宝的可能性太低了，在你的养育下，宝宝成长路上遇到障碍不知道能不能正确面对。为了避免将来可能出现的问题，希望你重视这个问题，听询早教专家的建议。

📺 拓展游戏

情商训练：在亲子游戏中培养孩子的情绪管理能力

所谓情绪管理，即通过一定的方法让孩子认识自己的情绪，了解自己的心理，学会主动地控制情绪和调节情绪，尽可能获得积极的情绪体验，避免消极的情绪体验。由于处于低年龄段的孩子认知能力和思维能力有限，因此，家长可以通过一些情绪小游戏，引导孩子学会情绪管理。

1. 妈妈在哪里

☀ 适宜年龄

婴儿期或幼儿期。

游戏准备

彩色的盖布或手帕，铃鼓等。

游戏方法

此游戏的操作性强、灵活度高，几乎没有地点和工具的限制，家长可以任意采取以下方式中的一种，也可以变换方式以增加游戏的趣味性。

①家长可以用双手遮住自己的脸，几秒钟后再打开双手，用惊讶或兴奋的表情和声音面对宝宝，然后重复。

②在确认宝宝看到自己的情况下，把一块彩色的盖布或手帕盖在自己的头上，以便遮住自己的脸，然后发出声音吸引宝宝把自己头上的布掀开。

③家长可以躲藏在一个稍微隐蔽但又不是特别难找的角落，然后摇动铃鼓或发出声音吸引宝宝寻找自己，到宝宝找到以后，应该主动给予夸赞和奖励，并与宝宝分享寻找成功的快乐。

游戏目标

此游戏的主要目标是让孩子体验情绪的变化过程。因为当家长从眼前消失的时候，婴儿期或幼儿期的孩子能够体验到明显的失望、伤心和焦虑，而寻找成功后则能体验到明显的快乐。

除此之外，该游戏还可以锻炼幼儿的视觉、听觉并增进亲子之间的感情。

游戏小贴士

①为了增强游戏的快乐，家长的表情、声音以及肢体动作可以适当夸张，以充分调动宝宝的情绪。

②家长跟宝宝的角色也可以调换，变为宝宝藏家长找。

2. 不一样的卜卜

适宜年龄

幼儿期或儿童期

游戏准备

简易纸盘若干，彩色画笔等。

游戏方法

①家长用不同颜色的画笔在纸盘上画出不同的表情。

②给孩子出示纸盘，让他看看纸盘上是怎样的表情。

③如果孩子辨认困难或不能确定，家长可以讲一个与出示的表情有关的小故事。

游戏目标

①加深孩子对不同表情的认知。

②了解与情绪有关的词汇，学会用恰当的词汇表达自己的情绪。

游戏小贴士

①为了便于孩子更好地理解故事、辨认表情，提高孩子参与游戏的兴趣，家长可以给纸盘上的表情代入一个具体的角色，比如卜卜（幼儿绘本角色人物，脑袋是圆圆的，贴合纸盘的形状）。

②家长可以事先在纸盘上画好表情，也可以在游戏的过程中在幼儿的注视下现场绘画。

③家长在纸盘上所画的表情，应该既有积极的表情，比如：快乐、激动、自豪，也有消极的表情，比如：悲伤、失望、生气，难度和复杂程度

根据幼儿的年龄和已有经验进行调整。

④家长绘画表情时所使用的画笔颜色也应尽量与所画的表情贴合，比如积极的表情可以使用温暖的色调。

3. 情绪小魔术

☀ 适宜年龄

幼儿期或儿童期。

☀ 游戏准备

魔术棒，代表各种情绪的小贴纸，孩子喜欢的玩具等。

☀ 游戏方法

①家长通过语言渲染气氛，引起孩子的兴趣。比如，家长可以说："妈妈会一种特别的魔术，能够把你的不快乐变走。"

②让孩子讲讲最近生活中某一件让他不快乐的事，再从表情贴纸当中选择一枚能够表达自己情绪的贴在额头上。

③家长可以拿起魔法棒放在自己耳边装作倾听的样子。然后面对孩子，说："魔法棒告诉我，你只要跟我一起唱一首歌，它就能把你的不快乐赶走。"家长可以选择一首旋律轻快的歌曲，比如《快乐的节日》，大声地带领孩子一起唱。

④唱完之后，问问孩子现在的心情怎样，如果情绪发生了变化，就重新选择一枚贴纸贴在自己的额头上。

⑤最后，家长可以告诉孩子魔法棒还有哪些赶走坏情绪的方法，比如：玩喜欢的玩具。

游戏目标

①让孩子明白负面的情绪不是凭空而来，而是有产生的原因的。

②让孩子学会向他人表达自己的情绪及其产生的原因。

③让孩子学会正确处理负面情绪。

游戏小贴士

①不同年龄和个性的孩子适合的情绪调节方式不同，家长应根据孩子的特点有针对性地选择恰当的方式。

②注意气氛渲染和情绪烘托的作用，家长应该设身处地地体会孩子的情绪，并进行正确的引导。

4. 像狼一样嚎叫

适宜年龄

幼儿期或儿童期。

游戏准备

选择较为空旷的场地，比如海边、山上。

游戏方法

①家长可以带孩子到一处场地比较空旷的地方，比如海边或山上。

②让孩子想象狼、狗等动物是如何通过叫声来表达自己的感情的，并大声模仿。

游戏目标

①有利于帮助孩子释放负面情绪。

②有利于培养孩子开朗的个性和豁达的心境。

游戏小贴士

①《像狼一样嚎叫》是一本有趣的绘本，适合幼儿期和儿童期的孩子阅读。如果孩子之前未读过这本书，家长可以提前带孩子涉及一下，更有利于提高孩子的兴趣和积极性。

②当孩子不好意思大声喊时，家长可以提前示范；当孩子已经参与后，家长也应该注意与孩子呼应。

5. 我来表演你来猜

适宜年龄

幼儿期或儿童期。

游戏准备

一些带有明显情绪色彩的人物卡片或照片。

游戏方法

①所有卡片和照片正面朝上摆在桌子上，家长和孩子一起分析上面的人是怎样的表情，大概是由于什么原因造成的。

②把所有卡片和照片翻过来，并将顺序打乱。

③家长或孩子一方选择一张卡片或照片表演上面人物的表情，另一方猜测是怎样的表情。

④角色调换，再进行一遍。

游戏目标

①让孩子学会理解情绪和表达情绪。

②让孩子学会从不同角度认识情绪。

🔅 游戏小贴士

①选取的卡片或照片中人物的表情应该尽可能鲜明。

②表演的过程中尽量不使用语言，而更多地借助肢体和表情。

③照片和卡片的大小或背面应尽可能相同，如差别太大，可以统一粘贴于相同的背景卡纸上。

6. 变脸娃娃

🔅 适宜年龄

儿童期。

🔅 游戏准备

不同颜色的彩纸和画笔、剪刀、胶水、硬纸板等。

🔅 游戏方法

①让孩子想象一个与表情有关的故事。

②制作出故事中角色的代表表情。可以让孩子分别剪出代表表情的面部部位，比如生气的嘴巴、开心的眉毛、悲伤的眼睛等；然后在硬纸板上画一个圆或其他图形代表人物的脑袋；最后将剪好的面部部位粘贴在画好的脑袋上。

③让孩子结合做好的角色头像讲述自己想到的故事。

④与孩子一起就故事的情节进行讨论。比如：他为什么会有这样的情绪反应？我们有没有遇到过类似的情况？出现这样的问题应该怎样解决？怎样去判断一个人正处于何种情绪？

🔅 游戏目标

①让孩子对人的情绪有更深刻的了解，进而学会控制和调节自己的负

性情绪。

②让孩子学会观察他人的情绪，并设身处地地理解和体谅他人。

游戏小贴士

①在孩子使用剪刀的过程中，家长应密切关注，以保证孩子的安全。

②由于有些表情之间面部各个部位的变化并不明显，家长可以给孩子提供一些图片作为参考。

第六章

家庭教育的核心：以身作则，
培养孩子高贵的品格

让孩子学会宽容和谅解，懂得友谊和关爱

宽容既是一种品德，也是一种智慧。孩子学会了宽容，就可以掌握一种与人交往的智慧；学会了宽容，就可以让孩子保持一种开放、健康的心态；学会了宽容，就可以做一个不抱怨、对自己负责的人；学会了宽容，就可以学会尊重他人，尊重周围的世界；学会了宽容，就可以放下恩怨，让生活变得更美好。

宽容是一种品质，但更重要的是一种能让孩子在社会上健康成长的能力。但是现代许多孩子都是独生子女，在家里受到的宠爱比较多，大多数孩子都以自我为中心，很少有宽容之心，无论遇到什么事情，都会首先为自己着想，而不是别人。

要想在社会上生存，宽容是一种必备的智慧，因此，家长应该重视对孩子的宽容教育，在日常生活中帮助孩子摒弃偏见，学会宽容。

辰辰今年还不满 4 岁，但却是一个非常注重形象的小男生。平时就非常爱干净，深得家人和老师的喜爱。

有一次，爸爸带着辰辰去参加学校组织的亲子活动。其中有一个活动是要与别的小朋友一起合作搭积木。与辰辰一起的小男孩身上看起来脏脏的，于是辰辰不想跟他合作，并皱着头对爸爸抱怨道："爸爸，我不想跟他一组，他身上好脏，我不喜欢。"

爸爸担心辰辰的这些话被那个小男孩听到后会伤害到人家的自尊心，于是把孩子叫到一边，严厉地训斥他："你怎么能说出这样的

话?"辰辰听后,只是茫然地盯着爸爸不说话。

对于辰辰这个年龄段的孩子来讲,能够说出这样的话、表现出这样的行为其实一点也不奇怪,因为他们已经能够注意到别人身上不同于自己的特性。

研究发现,6个月以内的婴儿能够注意到种族和性别上的差异;孩子从3岁时就可以对人进行分类,并能判断出哪类人更好一点。等孩子长到5岁以后,他们就能够将一些好的品质和品德与他们认为好的那类人联系在一起了;到了8岁后,孩子才会观察到社会对不同人的态度;等他们再长大些的时候,他们就会学会如何面对社会的偏见,并开始理智地思考问题了。

因此在发生了上述事件之后,爸爸不应该严厉地批评孩子,因为孩子还不懂得接纳别人的差异,爸爸应该耐心地为孩子讲解人与人之间的差异,让孩子理解并接受。

社会是复杂多变的,而要想让孩子能够在这个复杂的社会中生存,父母就应该在孩子幼年时期帮助孩子改变偏见,让孩子学会宽容。

1. 让孩子改变偏见

(1)"柠檬"训练法

在这个训练活动中,会给每一个孩子一个柠檬,然后给孩子一定的时间,让他们去了解属于自己的柠檬,孩子们可以品尝它,可以闻它的气味,看它的纹理,甚至可以在地上滚柠檬。然后再把孩子手里的柠檬放在同一个篮子里,让孩子们找出刚才自己玩的那一个。

虽然有些柠檬脏了、破了,但是孩子还是会认为自己的那个就是最好的。

(2)分析特征法

爸爸要帮助孩子认识到自己与别人存在的差异,比如说,有的小朋友会比他高、比他壮，而有的小朋友会比他矮、比他瘦等，然后将这些不同的特征进行比较。这样能够让孩子意识到每个人都有自己的特征，从而正确地面对差异。

（3）实例讲解法

爸爸可以抓住学校里或者电影里发生的某个事情或场景，作为教育孩子的契机，与孩子一起谈论宽容的话题，帮助孩子认识到宽容的重要性。

当孩子遇到别人的偏见时，爸爸首先应该确保孩子的自尊心没有受到伤害，然后强化孩子的意识，要让孩子明白，发生这样的事是不对的，是应该要纠正的。最后爸爸应该告诉孩子以后再遇到这样的情况应该怎么应对，可以教给孩子一些简单的措辞，比如说，有时候孩子在外面被人起外号，很多小朋友都跟着叫孩子的外号，你可以让孩子这样说："以后不要这么叫我，这不是我的名字。"这样小朋友看到他这么坚决，也就慢慢地不再喊外号了。

但是当孩子伤害别人的时候，爸爸也绝对不能袖手旁观，要立刻上前制止并明确地告诉孩子，这样的行为是不对的，你不能容忍这样的行为。要帮助孩子分析为什么这种偏见是不对的，让孩子学会换位思考。

2. 要培养孩子的宽容心，爸爸应该做到以下几点

（1）为孩子树立榜样

孩子性格的形成很大一部分会受到父母的影响。因此，爸爸应该学会宽容大度，与邻里和同事和睦相处，这样才能要求孩子宽容。

如果孩子不小心犯了错，诸如打破花盆这种小错，爸爸不要惩罚和责骂孩子，可以告诉孩子，这种无心之错，爸爸也会犯，只要以后注意点就可以避免。爸爸要懂得原谅孩子的错误，用宽容之心引导孩子认识自己的错误，让孩子知道在犯了错误之后除了批评和惩罚之外，还有宽容。

（2）让孩子学会心理换位

所谓的心理换位就是在双方产生矛盾时，能够主动站在对方的角度思

考问题，理解对方这样说、这样做的理由。这样的话，双方就会减少很多不必要的摩擦。这就好比是下棋，在刚学会下棋的时候，你会一直想自己应该怎么走，而当水平逐渐提升之后，你就会开始思考对方会怎么走，自己应该如何应对。

现在的孩子都习惯站在自己的立场上思考问题了，而要改变这种现象的方法就是教给孩子"心理换位"。

让孩子站在父母的角度考虑，他就会理解父母的良苦用心；站在老师的角度，他就会明白老师的辛苦；站在同学的角度，他就会发现很多同学都是善良友好的。因此，让孩子学会换位思考是非常必要的。

（3）让孩子学会理解他人，包容他人的缺点

"金无足赤，人无完人"，每个人都有自己的缺点和不足。要让孩子明白，在与同学和朋友交往的过程中，没有必要要求别人都是完美的，要学会包容他们的缺点。对于同学或朋友在情绪低落时说的伤人的话，也没必要放在心上。"忍一时风平浪静，退一步海阔天空"，有时候对别人多一份宽容和理解，就能获得一份愉悦的好心情。

当然，教孩子学会宽容并不是一种懦弱。爸爸要告诉孩子，宽容是在明辨是非之后对他人的退让，而不是对坏人、坏事的妥协。

（4）让孩子多与同伴交往

孩子的宽容之心是在交往活动中逐渐培养起来的。孩子只有在与人交往的过程中才会发现每个人都有这样那样的缺点，每个人都有可能犯大大小小的错误，只有学会容忍别人的缺点和错误，才能与朋友更好地相处，才能收获更多的友谊。

在与同伴交往的过程中，爸爸要注意引导孩子如何正确对待比自己优秀的同伴，比自己"差"的同伴以及自己的竞争对手。对于比自己优秀的同伴，要引导孩子向他们学习，而不是嫉妒他们；对于比自己"差"的同伴，要让孩子主动去帮助他们，而不是轻视远离他们；对于自己的竞争对手，爸爸要教导孩子进行良性的竞争，或者与对手合作获得双赢。

（5）让孩子学会"纳新"和"处变"

宽容不仅表现在对人的态度上，而且也表现在对物和对事的态度上。爸爸可以带着孩子多接触一些新生事物，让孩子学会接受新生事物。爸爸还应该教导孩子学会承受事物可能发生的意料不到的变化，并学会如何应对这种变化。当孩子学会了"纳新"和"处变"之后，也就慢慢对世间万物都有了宽容之心。

帮助孩子消除自负心理，塑造孩子的谦虚品质

谦虚是中华民族的传统美德，尽管在所有父母眼中，自己的孩子都是最好的，但是我们要让孩子学会谦虚的品格，这既是一种宝贵的品质，也是一种美德的表现。

心理学家认为，孩子骄傲、自负性格的形成很大程度上受父母教育方式的影响。许多父母在教育孩子的时候给予了过多的表扬，虽然表扬在一定程度上能够鼓励和支持孩子更加努力和上进，但是如果表扬多了的话，也会对孩子的成长起到反作用。特别是一些本来就比较优秀的孩子，再给予他们过多地表扬，不仅会让孩子产生骄傲自满的心理，而且可能让孩子变得越来越散漫。

比如说，孩子考了一个好成绩，父母就会一而再、再而三地奖励孩子，或者向别人炫耀，次数多了，孩子就会变得飘飘然了；还有的父母觉得自己的孩子聪明，就逢人必夸。孩子听多了这种话，就会想当然地认为自己比别人聪明、优秀，从而逐渐变得骄傲、自负起来。

谦虚使人进步，骄傲使人落后。每个做父母的都希望自己的孩子能够谦虚谨慎，抛弃自以为是和妄自尊大，做一个尊敬他人、乐于向其他人学习的人。可是有那么一些孩子对自己非常有自信，甚至将自信演变成了自负。心理学家认为，过度自信的人是对自我认识的过分膨胀。骄傲自满、自以为是的人常常被自己过分的自信冲昏了头脑，而这种过分的自信不仅

不能欺骗别人，还常常让自己受到伤害、迷失自我。

　　宁宁今年上小学五年级了，在学校里成绩一直名列前茅，而且在家里也是爸爸妈妈的骄傲，因此，宁宁就非常骄傲自满。在学校里她不喜欢跟成绩不好的同学一起玩耍，因为觉得跟他们在一起会降低自己的"档次"，而且自己的成绩也会受到影响。

　　有时班里有同学问她问题，她也不喜欢跟人说，觉得人家太笨。对于自己的任课老师，宁宁也没有放在眼里，她觉得老师的水平一般，自己通过自学也能看懂课本，根本不需要老师在一旁指手画脚。

　　对于宁宁来说，她最敬佩的人就是自己的爸爸，她认为爸爸最能理解她，而且无所不能。宁宁爸爸也经常抽时间给孩子介绍一些学习方法，给她讲一些名人名言的故事，每次宁宁都听得津津有味。因此，宁宁常常喜欢跟爸爸待在一起聊天，有时候也会让爸爸看自己的周记。

　　有一天，爸爸在看宁宁的周记时发现，孩子在字里行间里都表现出了一种骄傲自满的心理，而且瞧不起比自己差的同学，她还在周记中提到了自己与语文老师发生争执的事情。原因是语文老师批评她不认真写作业，但是宁宁却认为是老师在故意找她麻烦。为了帮助孩子及时转变观念，宁宁爸爸专门在周记里留下了一张纸条。

　　到了第二天，宁宁发现了爸爸留给她的纸条，纸条中写道："老师之所以要批评你，并不是故意找你麻烦，她希望你能改正自己不认真的缺点，取得更大的进步。你看，老师明知道批评你会招来你的怨恨，却依然选择了批评你，老师这样做也是为了你好，她希望你能进步，你能变得谦虚。古人云：'满招损，谦受益'，爸爸也希望你能克服骄傲自大的缺点，做一个谦虚的人，做一个人人都喜欢的小孩。"

　　宁宁在了解了爸爸的心意后，感触极深，从此以后，在爸爸的监督下，她逐渐克服了骄傲自满的缺点。

故事中的爸爸在看到孩子有骄傲自满的缺点时，没有责怪孩子，也没有放任孩子的这种心理，而是通过比较委婉的方式告诉孩子骄傲自大是不对的，这样既保护了孩子的自尊，又让孩子可以接受意见，改掉缺点。

莎士比亚曾经说过，一个骄傲的人，最后总是毁灭在了自己的骄傲里。确实，骄傲是人生最大的劲敌，而谦虚则是孩子成长过程中不可或缺的品格之一，谦虚的性格能够让孩子虚心学习，踏实进步，能够让孩子交到更多的朋友，还能够让孩子在人生与事业上取得更大的成功。

骄傲是恋旧的，它常常让孩子沉湎于过去的胜利之中，因而听不得他人的忠告和意见，最终让骄傲成为阻碍自己发展的绊脚石。因此，父亲一定要重视对孩子谦虚性格的培养。

1. 要让孩子认识到骄傲的危害

爸爸应该让孩子认识到，任何成绩的取得都只是阶段性的，不能将这种小小的成功当作最后的目标，而是应该将其作为实现下一个目标的起点。要告诉孩子，知识是无边的海洋，如果因为一时小小的成就就忘乎所以，正是缺乏知识和眼界的表现。爸爸们还应该给孩子讲一些成功人士的励志故事，让孩子了解到，凡是有作为的人，都是在取得成绩后仍能保持谦虚谨慎态度的人，让他们以这些名人为榜样，学习他们谦虚谨慎的品格。

2. 对孩子进行适度的表扬

当孩子成功完成一件事情，对孩子进行表扬时，父亲要做到适度，而且尽量不要当众表扬他。如果别人在夸奖你的孩子，你也不要接过话茬顺势表扬自己的孩子，最好的方式就是尽量转移话题。

3. 让孩子正确面对批评、建议

研究表明，骄傲自满通常情况下和不能正确面对批评、建议有关。

批评和建议往往针对的是一个人的缺点，如果他能接受别人的批评，那么说明他能比较清楚地认识到自己的缺点。但是对于孩子来讲，很难正确地评价自己，也很难认识到自己的缺点。因此，爸爸应该鼓励孩子多听听别人对自己的评价和建议，发现自己身上存在的不足，不断地完善自己。

4. 给孩子讲伟人的故事

爸爸可以经常给孩子讲一些伟人不骄傲自大，谦虚向别人学习的故事，比如说孔子、牛顿等，他们都是历史上非常有才华的人，但是他们都很谦虚。以此来告诫孩子，连拥有如此大智慧的伟人都能谦虚地向别人学习，你有什么理由骄傲自满呢？

5. 不要到处宣扬孩子的成就

虽然在父母眼里，自己的孩子都是最优秀的，但是孩子有了一定成就，也不要经常拿到外面去炫耀，这样会让孩子变得越来越容易满足，越来越骄傲，追求的目标也越来越低，还有可能伤到别的孩子的自尊心，影响孩子之间的友好关系。

6. 让孩子认识到自己和别人的优缺点

"金无足赤，人无完人"，每个人都有自己的优缺点，孩子也是一样的，有的孩子擅长跳舞，有的孩子擅长书法，有的孩子擅长游泳，有的孩子擅长绘画，每个孩子拥有不同的兴趣爱好，各自成长发展的轨迹也有很大不同。爸爸们要让孩子认识到自己和别人的优缺点，公正客观地看待自己和别人。"三人行，则必有我师"，要鼓励孩子谦虚地向别人学习。

7. 让孩子学会尊重别人

也许你的孩子真的非常优秀，也特别乖巧懂事，但是为了表现对别人的尊重，爸爸们也要教孩子学会谦虚，这样孩子才有机会认识到自己的不足，以取得更大的进步。

8. 给孩子适当地泼冷水

孩子在取得成绩时，自然喜欢炫耀，喜欢得到家长的认可和夸奖，爸爸在夸奖孩子的同时，可以给孩子适当地泼泼冷水，告诉孩子，成绩只代表过去的努力，而不代表将来，以后有人会努力地超越你，所以你应该更加谦虚努力，不要给别人超越你的机会。

9. 帮助孩子开阔视野

为了让孩子更好的成长和进步，爸爸可以通过带孩子出去旅游、进图书馆读书等方式开阔孩子的视野，增长孩子的知识，孩子的视野开阔之后，就会认识到自己的微不足道，自然就会变得谦虚起来。

给孩子创造合作机会，锻炼孩子的合作意识

一个懂得合作的人，不仅能够很好地适应环境，而且能够最大限度地发挥自己的潜能。评价一个孩子是否能够与人相处融洽，关键就在于他是否有合作精神。21世纪是一个充满着激烈竞争的时代，每个孩子要想学会生存，首先应该要有强大的竞争能力，但是竞争与合作其实并不矛盾，只有善于合作的人，才懂得如何去竞争。

在国际上流行着一个有关竞争与合作关系的试验，这个试验曾经在多个国家做过：找一些口径不大的瓶子，在每个瓶子里都放入三个小球，分别用三个绳子吊着，瓶口一次只能容一个小球出入。参加试验的对象主要是一些 7~8 岁的孩子，将这些孩子分成若干组，每组有三人，由三个孩子各自拉着瓶子里的一条线，看看哪一组能在一分钟之内成功将全部的小球都拉出来。在试验中，每个孩子都拼命地想要把自己的小球往外拉，结果都失败了。但是在中国做这个实验的孩子，商量了小球拉出的先后顺序，结果很快就把小球拉了出来。

这个实验告诉我们，要想竞争，首先应该学会合作。一个懂得合作的人，才更容易适应新的环境，才能激发自己的潜能；相反，不懂得合作的孩子会在生活和学习中遇到更多的麻烦，变得更加无所适从。社会是一个大集体，在这个集体中生存就要与人交往与合作。

强强今年 3 岁了，刚上幼儿园，他特别喜欢跟邻居家的小朋友一起玩游戏，但是每次跟小朋友一起玩的时候，他都不愿意别人玩他的玩具，而他却喜欢玩别人的玩具。

看到孩子这样，强强爸也很着急。有一次，邻居家的小朋友又来玩，爸爸就对强强说："强强，昨天你阿姨不是刚送了你一套新玩具吗？你想不想跟霖霖一起玩呢？"

强强一直保持沉默，但是他的脸上明显做出了不情愿的表情。于是强强爸爸笑着说："这个玩具是要两个人一起玩的，如果你不想跟霖霖一起玩，那我就把它收起来了，等你想跟别人一起玩的时候，我再把玩具送给你。"

强强听后着急了，赶忙求着爸爸把玩具给他，并跟爸爸保证跟霖霖一起玩。为了确保自己的玩具不被收走，强强跟小朋友一起玩得很好。

等霖霖走之后，爸爸告诉强强："你看，这样两个人在一起玩多好啊，如果你总是一个人玩玩具，不想要别人跟你一起玩，下次就再也不会有人陪你玩了。"

下面看看另外一个案例。

娜娜是班上的学习委员，她工作认真负责，学习成绩也一直名列前茅。因此她感到非常自豪。

每次班里有什么活动班长给她布置任务的时候，她总是心不在焉的，参加的热情也不高，好像这件事情对她来讲并不重要，为此，同学们都对她有意见。

有一次家长会上，班主任老师私下里向娜娜的爸爸提起了这件事。娜娜爸爸为了培养女儿的合作精神，经常在空闲时间给孩子讲一些有关合作的故事，比如说在赤壁之战中，孙权和刘备是如何联合起来打败曹操的故事。

慢慢地，班主任老师就欣喜地发现，娜娜有了很大的变化，在学习中不仅更积极了，而且还懂得与同学合作了，班里的同学也越来越喜欢她了。

可见，让孩子学会与人合作对于孩子的成长具有至关重要的作用。要让孩子从小就明白，他是社会大集体中的一员，大家生活在一起就应该和睦相处、互相帮助。要告诉孩子学会合作与分享就会收获越来越多的快乐。

当孩子懂得与人玩耍时，你就应该为他创造合作分享的机会，如鼓励他将自己的糖果给其他小朋友、教导他和别人一起玩自己的玩具等，这样，慢慢地，孩子就会逐渐懂得合作的重要性，也就会在日常生活和学习中，更加重视别人的合作。

案例中的强强爸爸和娜娜爸爸为了培养孩子的合作精神各出奇招，那么具体来讲，应该如何培养孩子的合作精神呢？

1. 让孩子参与做家务

在这一点上，笔者估计许多家长都没有做到。有的家长认为，孩子周末要参加这么多学习班，平时还要上学，做功课，就不要耽误孩子的学习时间了；也有的家长认为孩子还太小，让他们帮忙做家务简直是忙中添乱，给自己找麻烦，还不如让他们在一边玩耍呢。

其实让孩子做家务是有好处的，一是可以锻炼孩子做事不能半途而废的意志；二是可以让孩子感受到自己被人需要，意识到自己在家中的地位，增强孩子的责任感；三是培养孩子的合作精神，比如全家人一起分工合作打扫卫生等。

因此，作为爸爸应该重视对这一点的应用，锻炼孩子的合作意识。可以让4~6岁的孩子帮忙收拾餐桌，让7~8岁的孩子与家人分工做一些事情，比如在逛超市的时候让孩子自己去买饮料等，增强孩子在与人合作时的责任感。

2. 与孩子相互交流、共同思考

经常与孩子一起思考一些问题，相互交流彼此的感受，让孩子学会与人合作。比如说，可以跟孩子一起讨论某个电视节目；也可以就家庭中有争论的话题展开讨论：晚上应该几点睡觉、放学回家是应该先看电视还是先做功课，等等。通过与孩子的交流讨论，让孩子明白：在与人合作、相处的时候学会尊重别人。

3. 用结果法使孩子懂得与人合作

有时候让孩子亲身体会因为不懂合作而带来的后果要比你的说服劝导有效得多。

我曾经看过一个这样的故事：有一对夫妻在周末决定带着两个孩子去郊游。在出发前一天，爸爸给每个人都分配了任务。由大儿子小北准备郊游用的物品，由小女儿小西准备烤肉用的调料。小北做事很认真，他在接到任务后，就把需要的东西全都列在了一张纸上，然后逐一准备。

但是小女儿小西就没有这么认真了，她一直在玩耍，每次爸爸问她是不是都准备好调料了，她都说时间还早，来得及。后来，爸爸再也没有督促她。

第二天全家人出去郊游，午餐时间大家开始烤肉的时候发现怎么也找不到盐。小西终于意识到因为自己的疏忽，忘记把盐带来了。全家人吃了一次没有盐的烤肉，小西也感到很愧疚。

因为小西的粗心，使这次郊游大为逊色，这次教训对于小西来讲是深刻的。爸爸妈妈没有说一句责骂的话，但这个结果却比任何话语更有效，只有懂得合作，才能协调好自己与家人的关系，才能让整个活动顺利进行下去。

4. 让孩子偶尔到亲戚或朋友家去住

现在大多数孩子都是独生子女，除了在学校，平时接触他人的机会比较少。爸爸可以偶尔将孩子送到亲戚家或朋友家住一段时间，让孩子有机会接触其他人，让孩子懂得关心和体贴他人，培养孩子的合作精神。

要培养孩子的合作精神绝不是一日之功，需要爸爸们精心的教育和加强情感投入。爸爸们要充分认识到培养孩子合作精神的重要性，在日常的家庭教育中加强对孩子合作意识的启蒙教育，向孩子传授有关合作的故事和事例。有了合作意识和合作精神，孩子的合作行为才能顺利发展。

人无信而不立：诚信是一个人必备的基本素质

诚实守信就是诚信，是公共交往中最基本的道德规范。诚实顾名思义就是忠诚老实，不歪曲事实，不欺骗自己，不欺骗别人。守信就是信守诺言，讲信用，履行自己应尽的义务。诚和信是一个事物的两个方面，诚是信的基础，而信是诚的表现形式。

随着经济的发展，社会的竞争越来越激烈，为了让孩子在未来的竞争中立于不败之地，家长们应该培养孩子诚实守信的品格。这就要求家长们在孩子小的时候就开始对他们进行诚信教育，让诚信伴着孩子成长。

自古以来，人们就对诚实守信推崇备至。诚实就是不自欺、不欺人。美国总统华盛顿在小的时候曾经用自己的小斧头砍倒了爸爸的一棵樱桃树。爸爸看见心爱的树被砍，非常生气，并扬言说一定要给砍树的人一个教训。而华盛顿主动在爸爸面前承认了自己的错误。爸爸看到儿子真心悔过，被感动了，并告诉儿子诚实的品质要比樱桃树宝贵得多。可见，诚实是一个人宝贵的品质，是获得他人信任和尊重的重要前提。

每个人都不可避免地要与别人打交道，而诚实守信是与人交往的重要原则。

18世纪英国有一位有钱的绅士，有一天深夜他正走在回家的路上，忽然被一个蓬头垢面、衣衫破烂的小男孩拦住了，小男孩说道："先生，请您买一包火柴吧。"

"我不买。"绅士回答说。说完，绅士就继续往前走。

"先生，请您买一包吧，我今天还没挣到钱买东西吃呢。"小男孩追上来说。

绅士看到小男孩这么执着，于是说："可是我没有零钱呀。"

"没关系，您先拿着火柴，我去给您换零钱。"说完小男孩拿着绅士给的一个英镑跑开了，绅士在原地等了很久，仍然没有看到小男孩的身影，于是就回家了。

第二天，绅士正在工作，仆人报告说，有一个小男孩要求面见绅士。于是小男孩被叫了进来，这个小男孩比卖火柴的小男孩儿更矮，而且穿得更破烂。

"先生，对不起了，我的哥哥让我给您送零钱来了。"

"那你哥哥呢？"绅士问道。

"我哥哥昨天在换零钱的时候被马车撞了，受了重伤，现在正在家里躺着呢。"

绅士听完后，被小男孩的诚实守信深深感动。于是便对小男孩说："走，带我去看看你哥哥！"

到了小男孩的家里，看到孩子的继母正在照顾受伤的小男孩，躺在床上的小男孩见到绅士后连忙坐起来，对绅士说："对不起，先生，昨天没有按时把零钱给您送回去，失信了。"

绅士却被他的诚实守信打动，在了解了兄弟俩的情况后，绅士决定，以后他们的生活所需都由他来承担。

可见，诚实守信是为人处世的基本原则，你只有诚信待人，别人才会诚信待你。只有从小就学会诚信的孩子，长大后才能勇于承担起对自己、对家庭和对社会的责任。

诚实守信是每个人必备的素质，父母应该从小培养孩子诚实守信的品格，使孩子能赢得别人的信任和尊重，收获真诚的友谊，为未来事业的成功打好基础。

无诚则无德，无信则事难成。爸爸们应该已经意识到诚信教育对于孩子成长的重要性了，那么就从现在做起，培养孩子诚实守信的品格吧！

1. 从点滴做起，培养孩子诚实守信的品格

爸爸要培养孩子诚实守信的品格，就必须要有耐心和细心，将孩子的诚信教育渗透到日常生活的点滴中，贯穿到孩子成长的整个过程。

爸爸要教育孩子从小讲真话，告诉孩子做错事的时候就应该勇敢承认自己的错误并及时改正；借别人的东西要按时归还；答应别人的事情要说到做到。

对于一些坑蒙拐骗的行为，爸爸应该坚决地表明立场，对这种行为进行批判，要让孩子知道，坑蒙拐骗的行为迟早都会受到惩罚，这样孩子才会严格要求自己，并努力做一个诚实守信的人。

爸爸还可以经常跟孩子一起阅读一些有关诚信的故事，讨论诚信的话题；支持并鼓励孩子多与别人进行交往，让孩子在交往中体会诚信的重要性。

2. 以身作则，为孩子做诚信的榜样

要培养孩子诚实守信的品格，爸爸就应该以身作则，为孩子树立诚信的榜样。曾子杀猪的故事相信大家都听过，曾子的妻子为了哄孩子就骗孩子说给他杀猪吃猪肉，但是曾子认为这样做会教坏孩子，不利于孩子养成诚信的品格，于是曾子信守承诺，真的杀了猪，给儿子做红烧肉吃。而儿子被父亲的这种诚信所感染，也学会了言而有信。

为了培养孩子诚实守信的品格，在日常生活中，爸爸在对待孩子时一定要讲信用，答应孩子的事情就应该做到。因此，在向孩子许诺时，一定要三思，以免言而无信，影响你在孩子心中的形象。如果答应了孩子的事不能做到，应该及时向孩子解释并求得孩子的原谅，并在孩子面前做自我检讨，让孩子真正理解和原谅你，在事后要尽力兑现自己的承诺。

如果你多次对孩子言而无信，渐渐地，孩子就会对你产生不信任感，而他们也会有样学样，逐渐对人失去诚信。

3. 为孩子营造诚信的家庭氛围

爸爸应该积极努力地为孩子营造一个诚实守信的家庭氛围，以此来影响和感染孩子。爸爸要尊重和信任孩子，一个从小就受到尊重和信任的人，也会懂得如何去尊重和信任他人。各个家庭成员之间也应该相互信任，让孩子在这种诚信的环境中健康成长。

　　在现代家庭教育中经常会出现这样的情况：有时候孩子犯了错，父亲就不分青红皂白地训斥、打骂孩子，虽然家长的初衷是想要孩子记住教训，不再犯同样的错误。但是这样却让孩子对家长的严厉教育产生了一种恐惧的心理。有时，孩子犯了错本来不想说谎，但是却因为害怕父母的责罚，编造了各种各样的谎言来逃避惩罚。

　　因此，爸爸应该反思一下自己的教育方式，在孩子承认自己的错误时，就不要再对孩子横加指责了。爸爸应该学会尊重和信任自己的孩子，并告诉孩子说谎的危害，让孩子知道，或许说谎能让你一时蒙混过关，但是迟早会有人发现事情的真相，到那时，你就会失去朋友、家人、老师对你的信任。这样孩子就能在这种轻松互信的氛围中逐步培养起诚信的意识。

4. 满足孩子合理的需要

　　父母都喜欢诚实守信的孩子，但是并不是所有的孩子都能尽如人意。究其根源，孩子喜欢撒谎的习惯大致都是因为某种需要引起的，比如为了满足吃、喝、玩的需要，或者为了逃避惩罚等。

　　爸爸应该认真分析孩子的需求，喜欢什么，能做什么，希望能得到什么，并尽量满足孩子合理的需求。要了解孩子的需求就应该学会用孩子的眼光看待事物，认真倾听孩子的心里话。当孩子向你讲述了他的需求之后，爸爸要与孩子一起分析，让孩子明白哪些需求是合理的、准确的，然后满足孩子那部分合理的需求，鼓励孩子自己去做想做的事，在做的过程中，爸爸要帮助孩子发现问题，鼓励孩子克服困难，最终获得成功，从而获得奖励，这样就可以消除孩子说谎的动机，使他学会诚实。

　　对于孩子不合理的需求，爸爸应该让孩子明白为什么不合理，这样孩子才能从心底里理解并接受。有的父母觉得孩子还小，应该尽量满足他们，但这样恰恰就会助长了孩子的各种无理要求，从此以往就容易形成不良的品格，影响他们一生。

陪孩子一起阅读，让孩子在阅读中提升自身修养

莎士比亚曾经说过，生活中缺少了书籍，就好像世界失去了阳光；智慧里缺少了书籍，就好像鸟儿失去了翅膀。

阅读可以提高人们的文字理解能力和表达能力，也可以帮助人们提高逻辑能力和空间想象能力。阅读能开阔人们的视野，使人们思想更加充实，生活更加精彩。

孩子每翻开一本书就相当于开启了一扇通往世界的窗户，阅读是孩子成长的动力和基石。好的书籍不仅能让孩子受益匪浅，而且可以让孩子养成喜欢读书、喜欢求知的良好习惯。让孩子学会阅读、享受阅读，并养成良好的阅读习惯，也一直是许多家长正在关注的问题。

晓刚今年已经上六年级了，学习成绩在班里处于中上游，但是晓刚一点也不喜欢阅读。每次放学回家，他不是躺在沙发上看电视，就是趴在电脑前玩游戏，从来就没有见过他在书桌前安安静静地读过一本书。为此，家长也非常苦恼。

为了培养孩子的阅读习惯，爸爸妈妈可谓是想尽了办法。有时候甚至还为孩子精心挑选一本书，然后"命令"他读，让他写读后感，但是效果依然不好，甚至还让孩子对读书产生了反感。

无独有偶，小志也是个不爱读书的孩子，让我们来看看小志爸爸是怎么做的。

小志是一个非常聪明的孩子，但是却总不能安下心来读书，为此，小志爸爸也很着急，但他并没有采取什么强制的手段，而是想到了一个绝妙的办法。

有一天，小志放学回家，照常坐在沙发上看自己最喜欢看的动

漫。看得正起劲的时候，爸爸忽然跑到小志跟前说："儿子，爸爸在上学的时候学得英语不多，所以不懂英语，你来教我英语行吗？"

"这怎么行，我又懂得不多。"小志回绝道。

"肯定行的，你在学校里老师教你什么，你回家就教我什么就行，我保证能学会，你难道不相信你的能力，不相信爸爸吗？"

"好吧，我就先教你单词好了。"

"你也要教我一些日常用语，要不然，我光学会了单词，却不会对话，我怎么跟人家对话啊，总不能让爸爸一个个拼单词吧，那样人家就会觉得是你没有能力，教不了爸爸。"

"那我就学什么教你什么，每天一小段，怎么样？"

"好嘞，我会好好学习，不让小志老师失望的。"

就这样，每天小志都要教爸爸学上半个小时的英语，虽然每天爸爸学起来很吃力，但是看到儿子教起来那么认真，而且对于课本中的每一篇文章都能读得很熟，一种成功的喜悦一直萦绕在心头。一学期下来，小志不仅养成了一回家就读书的好习惯，而且学习成绩也更加优秀了。

案例中的晓刚和小志虽然都有不爱读书的习惯，但是面对同样的情况，两方父母却采用了两种截然不同的教育方式。晓刚的家长采用了强制的手段，不仅没有起到效果，反而加剧了孩子对读书的厌恶；而小志的父母则采用了一种比较明智的做法，与孩子一起读书、学习，逐渐培养起孩子对读书的兴趣。

"读书破万卷"，培养孩子从小养成阅读的好习惯，不仅可以丰富孩子的课外知识，开阔孩子的眼界，还能教会孩子如何做人，培养孩子高尚的德行。那么对于爸爸来讲，如何培养孩子的阅读习惯，才能让孩子爱上读书，将阅读当成一种享受呢？

1. 经常带孩子逛书店

有句俗语说得好："常在河边走，哪有不湿鞋。"这句话如果用在这里的话，可以这样说，经常逛书店，哪能不闻书香啊。

因此，爸爸们平时在周末休息的时候，可以经常带孩子去书店逛逛，让孩子在书的海洋里徜徉，通过书店安静祥和的环境感受读书的气氛，让孩子爱上读书。如果你经常逛书店，你就会发现在书店有很多孩子在看书，有的甚至蹲着、趴着，他们在书本里感受世界的奥秘。书店就像一个"气场"，去得次数多了，就会让孩子爱上阅读。

在书店里有各种各样的书，在这么多书里肯定有孩子们喜欢读的，对于孩子自己感兴趣的书，你不用教他，他也会自己翻开去读，这有利于培养孩子对书的兴趣。或许有些孩子们喜欢的书，并不一定在你的选择之列，但是孩子们可以通过购买自己喜欢的书，体验到买书带来的快乐，从而进一步对书产生兴趣。

刚开始逛书店的时候，你可以跟在孩子身后，观察孩子对哪些书感兴趣，在有必要的时候给予一些正确的引导。时间长了，孩子有了自己择书的习惯，你就可以不用跟在孩子身后了。

对于孩子选择什么类型的书，你要赋予他充分的自由。在孩子还没有喜欢上阅读的时候，你的首要目标就是激发孩子的阅读兴趣，保护他们刚萌发的阅读兴趣，而不是用各种"不应该""不许"来扼杀孩子的兴趣。

只要是书店里的书，孩子如果愿意看，你就让他尽情地看。对于孩子想要买的书，你可以给孩子设立一项规定：漫画书只能看，不能买回家。原因是漫画书字比较少，不到半个小时就能看完，不划算。其余的书，只要孩子喜欢，而你的经济实力也允许，你就尽量满足孩子。

2. 与孩子一起读书

无论你的工作有多忙，你都应该每天抽出一点时间陪孩子一起读书，与孩子一起分享名家经典，一起体会读书的快乐。这不仅可以帮助自身陶冶情操，对于孩子来讲也是一种教育，有利于帮助孩子净化和滋润心灵，实现亲子双方在文化修养上的共同提升。

　　与孩子一起读书也是家庭生活中很幸福的时刻，通过与孩子一起读各种各样的书，增进了父亲与孩子之间的交流，加深了彼此之间的情感。

　　爸爸可以与孩子一起约定好每天读书的时间，在这个时间段里，大家都要读书，如果因为什么事情错过了读书时间也一定要补上。这样经过一段时间的训练之后，孩子就会形成一种读书的习惯，就跟吃饭、睡觉一样变成了生活中的必需品。

3. 读书给孩子听

　　阅读从倾听开始，孩子的阅读兴趣和阅读习惯最初都来源于倾听。因此，爸爸可以经常给孩子读一些经典的童话或者寓言，让孩子从小就感受到书本的乐趣。

　　研究表明，"为孩子大声地读书"是培养孩子阅读习惯的最有效的方法。当然这里所讲的"大声"，并不是指高分贝的声音，而是让孩子能听清楚。每次当你给孩子朗读的时候，就会给孩子传达一种愉悦的信息，让孩子在获得快乐的同时，学到经验和道理。

　　读书给孩子听本身并不是一件难事，但是难就难在能够持之以恒。爸爸可以在孩子很小的时候就读书给他听，选择比较合适的时间段，每天读20分钟，并要一直坚持，这样就可以让孩子在一种丰富而有趣的语言环境中成长，让孩子养成良好的阅读习惯。

4. 跟孩子聊书

　　在与孩子一起读完书后，你可以向孩子提问或者要求孩子复述自己听到的故事，以检查阅读的效果。但是这种方法的使用也要适度，否则就会让孩子厌烦，失去阅读的兴趣。

　　爸爸要谨记，跟孩子聊书的目的并不是为了让孩子"答对"，而是要通过双方之间的交流，帮助孩子理解书中的道理，并获得快乐。

"聊书"也是为了帮助孩子发现一些可能常常被忽略但是很美好的东西，如果让孩子自己去读，可能发现不了。但是如果由你读给孩子听，并与孩子一起开心地聊聊书中的内容，就可能引起孩子的兴趣，然后自己主动去重读书中的内容，进而发现一些被忽略的东西。

在聊书的时候，父亲与孩子之间的关系是平等的。虽然父亲有比较丰富的社会阅历和比较深刻的见解，但是孩子的天真率直和丰富的想象力也是父亲们无法匹敌的。在某些故事的理解上，大人的看法并不一定比孩子高明。因此，在聊书时，爸爸需要蹲下身子，让孩子感受到你与他的地位平等，有同样的发表意见的自由，这样孩子才会主动地跟你聊自己的理解。

5. 为孩子做读书记录

不少家长喜欢给孩子做成长记录，记录孩子生活的点点滴滴，时常拿出来翻看和回味，乐趣无穷。不妨将这种方法也运用到孩子的读书经历上。

最简单的记录就是将孩子在每个阶段读过的书都记录下来；如果想要记录得更加具体，还可以记录阅读的方法和孩子的阅读反应，比如说，对某本书的喜爱程度、在某些书中提到的问题、对某些书的读后感想等。

可以时常将这些记录翻出来，分析孩子的阅读发展情况，可以让孩子重拾当时读书的乐趣，从而进行重复阅读或者延伸阅读，帮助孩子养成良好的阅读习惯。

🐦 拓展游戏

心智训练：在亲子互动中如何培养孩子的阅读兴趣及认知能力

给孩子讲故事，是促进亲子之间互动和沟通的重要方式之一。研究表明，对于幼小的婴儿来说，图书上美丽动人的图画以及妈妈对故事的动听讲述给孩子带来的阅读享受是其他活动无法匹敌的。从小培养孩子的阅读习惯可以让孩子在书中收获快乐，这种快乐可以让孩子保持一种对书的欣赏趣味，从而养成阅读的好习惯，丰富自己的生活。

1. 先培养阅读兴趣，再培养阅读习惯

有许多家长向笔者咨询过这样的问题："我们也想要培养孩子的阅读兴趣，可以让孩子能够安安静静地坐下来读书听故事，可这太难了，他只想拿着玩具瞎跑，这样怎么可能让孩子喜欢阅读。"

很多家长对这个问题已经形成了一种思维定式，认为给孩子讲故事，就是需要家长读而孩子坐在那里静静地听。其实这是一种误解，给孩子讲故事还可以采用其他方式让孩子理解。比如说，家长可以根据故事的情节，将音乐训练、动作、感官、语言、孩子的玩具等融入到故事情节中，从而激发孩子对阅读的兴趣。

许多家长会在孩子睡觉之前给他讲故事，这其实是一种很好的方法，但是如果家长指着书本给孩子讲故事，然后问孩子这是什么的话，就很容易让阅读变成一种考试，很可能会让孩子对阅读产生反感，从而失去阅读兴趣。

此外，对于 0~3 岁的宝宝来讲，他们的思维是抽象的，因此，家长就要懂得将抽象的东西变成可以感知的具体的东西。比如指着书本说苹果，不如直接给他一个苹果，让他通过吃、闻、摸等方式去了解。通过将抽象的东西具体化，可以强化画面的内容，让宝宝在阅读的时候将快乐与书本联系起来进行想象，会让宝宝更爱看书。

因此，家长在进行亲子阅读的时候，应该首先培养孩子的阅读兴趣，让孩子爱上读书，慢慢地养成阅读的习惯。

2. 亲子阅读需注意六点

①在进行亲子阅读前，家长首先要观察孩子的状态，要选择在孩子注

意力不容易分散的时间段，最好是在宝宝睡醒后的运动时间。0~3岁的宝宝正处在大运动协调发展时期，爱动，不容易长时间坐下来看书，因此可以在宝宝的运动时间，将运动与阅读有机地结合。

②在进行亲子阅读的时候，家长要让孩子有一个安静愉悦的心情。

③亲子阅读的内容需是孩子感兴趣的东西，这样能够很快吸引孩子的注意力。比如，对于0~3岁的宝宝来讲，阅读的内容应该与宝宝的生活习惯、日常接触的物品以及经历贴近。读本的选择应该是颜色比较简单，图的画面比较大以及内容主旨突出的。对于1~2岁的宝宝，可以选择与动物有关的读本；而2岁半以上的宝宝，有了较强的规则意识，并且能够听指令和模仿，因此可以选择与行为习惯相关的读本；对于3岁以上的宝宝，开始有了个人情绪，可以看懂抽象一点的书，家长可以为其准备一些有关科普认知和情绪管理方面的读本。

④在进行阅读的时候，家长一定要带有感情，让整个故事都变得饱满、绘声绘色起来。

⑤在阅读的时候与宝宝对视，用眼神进行交流和沟通，支持宝宝的反应。

⑥家长要信任孩子，在培养孩子的阅读兴趣的时候，一定要有耐心，并且要循序渐进地进行。许多孩子在阅读的时候好动，静不下来，就认为宝宝在阅读的时候不认真。事实上，这个年龄段正是孩子大运动协调发展的时期，进行亲子阅读不一定就要安安静静地坐在一个地方，可以将阅读与游戏相结合，慢慢地让孩子爱上阅读，形成良好的阅读习惯。

3. 家长与孩子一起学互动式阅读

家长与孩子一起进行互动式阅读，不仅可以培养孩子的阅读兴趣，还可以促进家长与孩子之间亲子关系的发展。下面将以绘本《跟我做，跟屁熊》为例，教家长如何与孩子进行互动式阅读。

此绘本适用于2岁左右的宝宝，在阅读之前，家长要准备小熊的衣服，将宝宝打扮成小熊，饰演故事中的小熊角色。

☀ 游戏一 前庭训练的游戏

示例：为宝宝读绘本，当读道"春天到了，北方森林里的跟屁熊和妈妈从洞里钻出来。妈妈做什么，跟屁熊也跟着做什么"时，妈妈就可以跟宝宝说："走咯，种花去咯！"然后让宝宝戴上事先准备的用盒子做的小熊掌，让宝宝模仿小熊的样子跟着妈妈去种花，花也是之前就应该准备好的，可以将带有花形状的纸贴在墙上，也可以将鲜花或塑料花插在花瓶里。

游戏目的：让宝宝戴上盒子做的小熊掌模仿熊走路，是前庭训练的游戏，可以促进宝宝肢体运动的发展，锻炼宝宝的肢体协调性和平衡感，从而提高宝宝的自控力，使宝宝在阅读的时候能更专注。在故事中让宝宝扮演小熊属于一种角色扮演游戏，可以锻炼宝宝的社会交往能力。

☀ 游戏二 激发宝宝音乐潜能的游戏

示例：熊妈妈起床了，熊宝宝也要跟着起床，这时候妈妈就可以给宝宝唱或者播放"起床歌"，歌曲应该选择比较欢快的曲调。同时可以将宝宝的圆形玩具当太阳，让"太阳"随着音乐的进行逐渐升起来。妈妈在自己做动作的时候也要随时观察宝宝的动作，如果发现不一致，妈妈要及时调整自己的动作，跟着宝宝一起做，让宝宝感到自己被模仿，做起动作来也会更有信心，从而激发宝宝的音乐潜能。

游戏目的：在与宝宝进行游戏的过程中插入音乐，训练宝宝的节奏感，帮助宝宝开发音乐潜能。

☀ 游戏三 训练宝宝的精细动作

示例：当妈妈读道"穿过小溪和水塘，爬上树去找蜂蜜"时，妈妈可以对宝宝说："我最喜欢蜂蜜了，冬天快来了，我要储存好多好多的蜂蜜才行，我要跟妈妈一起做一个又大又漂亮的蜂蜜罐！"然后宝宝模仿小熊跟妈妈一起做蜂蜜罐，可以用橡皮泥一起装饰瓶子。

游戏目的：妈妈与宝宝一起装饰瓶子，可以锻炼宝宝的精细动作，培养宝宝欣赏和表达美的能力。

☼ 游戏四 训练宝宝的动手能力

在绘本的最后一页是一个手工，是熊妈妈和熊宝宝拥抱在一起的图案，在妈妈给宝宝读完整个故事后，妈妈可以帮助宝宝将图案剪下来，折起来立在桌上，不仅可以训练宝宝使用剪刀和折纸的能力，也可以让整个故事变得更加立体、丰满，加深宝宝的印象。

第七章

教育男孩：杜绝"棍棒教育"，陪儿子一起健康成长

反思中国式家庭教育：棍棒底下真的出孝子吗

自古以来，"棍棒底下出孝子""不打不成才"之类的说法就在我国盛行，而在这种思想的影响下，这种有暴力倾向的教育方式也成了很多家长所推崇和奉行的教子心经。只要孩子犯了错或者有不良发展倾向，父母就想以"打"的方式将孩子拉回来。可是，我们不禁要问一句：这样的方式真的能把孩子教育好吗？真的应该在现代的家庭教育中普及吗？

2009年，中国青年报社调中心曾做过一项名为"觉得父亲应该怎样教育孩子"的调查，有1988人参加了网络投票，而结果显示：认为现在孩子缺乏父教的网友占了60.7%，26.3%的网友认为不好评论，只有剩下13.0%的网友认为现在孩子不缺乏父教。无独有偶，广州市妇联也曾发布过一项名为《广州市反家庭暴力情况研究报告》的报告，调查显示超过60%的受访者都不认为打骂孩子属于家暴行为，"打孩子"这种简单粗暴的教育方式竟然被父母们认为是最奏效的。由此可见，中国传统的"棍棒底下出孝子"的教育观念还在影响着众多的中国父母，而爸爸们则"沐浴"其中，且身体力行之下，又怎能不让孩子感觉父教与父爱的缺失呢？

我们就以《爸爸去哪儿》中的田亮爸爸为例。在第一期节目中，田亮没少被观众们评头论足。田亮的女儿森碟因为不适应"艰苦的环境"而感觉不适应，然后在节目中哭得一塌糊涂。田亮作为爸爸，一时手足无措起来，而且随着孩子哭声加剧显得有些不耐烦，还责问孩子："你是来表演哭的吗？"面对这种场景，心理学家李雪分析说，当时他和女儿之间好像隔得很远，只是单方面地希望孩子不要哭，不要给他惹麻烦，却不会停下来关注孩子的感受，陪着孩子度过那种不适、不安的感觉。

当然，田亮绝不是不爱自己的孩子，只是他和节目中的其他爸爸一样，经常在外工作，和孩子相处的时间和机会其实非常少。因此，在面对独自带孩子的场景时，有无能为力、无从下手的感觉。不过，据说在拍摄完第一期节目之后，田亮夫妇就意识到孩子的适应能力没有那么强，还需要父亲的鼓励与帮助，而田亮也在反思中总结了不少经验。

在之后的节目中，田亮也用自己的表现逆转了局面，最终成为"中国好父亲"。而在第四期节目中，其中一个游戏是让其他爸爸假扮成坏人，去砸小朋友们保护的鸡蛋。这个游戏的目的是在测试面对突发事件时孩子们的反应。而游戏中，森碟又大哭起来。这一次不同的是，田亮没有再"指责"和批评女儿，而是蹲下身细心与其交流、安慰。这一次，田亮的做法很快让森碟停止了哭泣。

父母打骂孩子，有时候是因为生气，有时候是因为孩子让父母觉得难堪、尴尬，有时候则纯粹是为了让孩子改掉一些不好的习惯或行为。然而，无论父母的动机是什么，其实"打骂"式的教育方式都很难达到理想的效果，甚至会给孩子造成非常恶劣的影响，给孩子的内心造成伤害或者心理偏差。下面，我们就来具体总结几点。

1. 让孩子形成暴力倾向

孩子天性喜欢模仿，而父母则是他们人生中的第一个模仿对象。因此，父母的言行会对孩子的成长形成至关重要的影响。父亲"棍棒"或"打骂"的行为方式也会成为孩子潜意识里的模仿对象，进而从爸爸的暴力行为中领会相同的方法。这样很可能会造成孩子长大后暴力倾向相对严重。因此，暴力的方式——无论是语言暴力还是身体暴力都是无法让孩子培养出爱心的，只会教给孩子以暴力处理问题的方法，从而成长为一个崇尚暴力的人。

2. 引发孩子的不良性格

如果孩子从父母的行为模式中感知到，只要自己一做错事就会挨打，那么为了避免遭受"皮肉之苦"，孩子会考虑怎么去欺骗父母、隐瞒实情，这样就会让孩子变得不诚实。而且，孩子若经常挨打，就会惧怕自己的父母。这时候不论父母让他做什么，他可能都会照做，这样一来其实是抹杀了孩子辨别是非对错、独立思考的能力。这样的孩子看似省心、听话、"乖巧"，而实际上只是因为害怕挨打而变得孤僻、自卑、懦弱了。这样的不良性格对孩子以后的人生而言，可能是非常不利的缺陷和伤害。

3. 孩子不会真心改正

打骂这样的教育方式不可能让孩子真正"心服口服"，当父母抡起棍棒打骂孩子的时候，实际上孩子所有的注意力都已经被痛觉和由此带来的情感伤害所占据了，因此他根本听不进去你所谓的"教育"。就算孩子日后真的改正了一些不良习惯，也只是不得已屈从于父母的暴力罢了。这并不能让孩子认识到自己真正的错误，一旦孩子日后脱离父母的掌控或束缚，很可能会继续犯同样的错误。

4. 让家庭气氛受到破坏

温馨、和谐的家庭氛围，是孩子的情感和心灵得以成长的摇篮。而在充满暴力的家庭环境中，孩子的感情状态只会变得焦虑、麻木、抑郁，并且不愿意接近父母，不愿意与父母交流，这势必会影响父母与孩子之间正常的亲子关系。在这种压抑的情感环境中，孩子甚至会以离家出走的方式来逃避这种不安。即便孩子在这种氛围下平安长大，也可能会表现出抑郁、消极、偏激、暴力等性格特征。

那么，怎样才能让父母走出棍棒式教育的误区呢？主要应该把握以下两个原则。

（1）教给孩子明确的目标与准则

由于孩子的知识和人生经验不足，其思想和行为往往会表现出任性、不善于辨别是非对错、缺乏自制力等特征，在做事时也会因无知而犯错。所以，在孩子接触或者做一件事之前，父母应该提前提出具体的行事准则和明确的目的，这样才能给孩子一个正确的标准与方向，以免误入歧途。

（2）以鼓励与表扬孩子为主

鼓励与表扬的教育方式能够在孩子的成长中起到正向强化的作用，父母与其总是因为孩子做错了什么而批评孩子，还不如看到孩子做对了什么就去表扬孩子。正面的鼓励和表扬会告诉孩子怎样做是对的，帮助孩子养成良好的行为习惯；而负面的打骂、批评只能告诉孩子什么是错的，用一种错误的方式强调和强化一种错误的行为，并不能给孩子带去想要的教育效果。而且，更重要的是，鼓励和表扬能够强化孩子的自尊心、表现欲和做事积极性，减少孩子消极、懒惰、暴躁等负面反应。

因此，"动之以情，晓之以理"的教育方式比"棍棒式"教育更可取。而打骂即便在一定时间内会取得暂时的威慑效果，但对孩子未来的人生而言是有百害而无一利的，甚至会给孩子的身心造成永久的、难以弥补的伤害。

"伪娘时代"来袭，如何塑造男孩的阳刚气质

男孩就要有男子汉的阳刚气质，阳刚气质的具体表现有勇敢担当、性格坚毅、宽容豁达。现代社会有很多男孩在父母的宠爱下，往往受到过度

的保护，造成了很多男孩缺少阳刚气质。很多男孩表现出说话细声细语、留长发、行事优柔寡断、动作扭扭捏捏等中性化的倾向。在学校中，不少男孩不敢大声回答问题，课外活动中也表现得娇气害羞，轻微的磕碰都会大惊小怪，甚至有男孩向老师哭诉自己被女生欺负了……"伪娘时代"来袭，确实令很多父母感到担忧。

　　所有的父亲都希望把自己的儿子培养成阳刚男孩，有时却会事与愿违。父亲们，要让男孩避免被伪娘风气侵袭，塑造男孩的阳刚气质，需要了解"伪娘现象"产生的原因，并有意识、有针对性地为男孩树立正确的性别观念，在亲子教育中对男孩进行性别强化培养。

1. 伪娘现象产生的原因

　　伪娘现象的产生与家庭教育、学校教育、社会文化环境都有关系，了解伪娘现象产生的原因对父亲正确纠正男孩的中性化行为、培养男孩的阳刚气质有重要的借鉴意义。

　　（1）家庭教育的原因

　　①父爱缺失。在现代的社会角色分工下，许多家庭都是男主外女主内，于是便产生了很多全职妈妈。很多孩子的父亲都是每天忙于在外打拼，回家后就只想休息放松。于是就造成了父爱缺失，导致男人的勇敢、担当、坚强刚毅等品质无法充分影响到男孩。很多男孩出生以后，就一直和妈妈在一起，然而男人和女人带孩子的方式是截然不同的，父亲陪儿子做游戏都更加大胆疯狂，而母亲大都是事无巨细地嘘寒问暖，男孩总是围着妈妈转，就会模仿妈妈的一言一行，时间长了自然会表现出更多女性气质。

　　②娇生惯养。俗语说，"穷养儿子富养女"，男孩就需要接受一些挫折教育，才能励志修身。可是随着经济发展，人们的物质生活条件有很大改善，独生子女家庭也变得非常普遍，不管男孩、女孩都受到异常宠爱、过度保护，而很多爷爷奶奶对孩子的宠爱更是接近于放任自流了。于是很多男孩都变得娇气任性，稍有不如意就哭哭闹闹。

③错误引导。小孩的对错标准都是成年人给的，男孩在小时候并没有明确的性别意识，有时出于好奇模仿女孩的行为，而周围的人都感觉非常可爱有趣，非但不及时纠正还表示鼓励和赞赏，这会对小男孩的理解产生错误的引导，认为女性化的行为是正确的。

> 有朋友说自己的儿子属于比较秀气的类型，邻居和奶奶经常夸奖儿子，"跟害羞的小女孩一样，真可爱啊"。从此以后，儿子就越发来劲儿了，每每遇到陌生人就故意脑袋歪歪的，扭扭捏捏的，表现出一副害羞的样子。

（2）学校教育的原因

现在的早教机构和幼儿园的老师几乎都是女性，在小学中女老师的比例也远远高于男老师，对于小男孩而言学校的老师就是他们的绝对权威，教育机构的教师性别比例不均衡，男孩受教育的过程中缺少男性榜样，也对培养男孩的阳刚气质产生了不良影响。

> 有人谈到，儿子在一所幼儿园里上中班，一段时间后特别喜欢用兰花指，言谈举止也变得非常娘气。尽管父母非常烦恼，但孩子翘兰花指的习惯迟迟纠正不过来。少年儿童的模仿能力很强，老师对他的影响非常大。

（3）社会文化环境的原因

经济全球化带动着文化全球化，一些花美男的日韩文化受到中小学生的追捧。另外，各地卫视近年来的选秀节目，也充满了阴柔气息。小男孩还未建立起自己的世界观、价值观、人生观，只是追求酷炫，学校和家长在精神文化上面对学生的放任自流，也容易导致男孩的女性化，缺乏阳刚气质。

2. 塑造男孩阳刚气质的方法

在塑造男孩阳刚气质的过程中，学校教育和社会文化环境的问题，需要全社会的努力，而大环境转变的过程也是非常缓慢的。因此，家庭教育才是最关键的，榜样的力量是无穷的。在家庭中父亲就是男孩最重要的榜样，父亲在培养男孩的阳刚气质的过程中扮演着最为重要的角色，以下是父亲需要了解的塑造男孩阳刚气质的方法。

（1）父亲要做好男孩阳刚的榜样

父亲的榜样引导作用，对塑造男孩的阳刚气质是最关键的，也是必不可少的，父亲不能因为工作繁忙，就把男孩的教育责任都推给孩子的母亲。在家中父亲可以陪儿子做一些刺激性、运动量大的游戏和活动。并且要关心男孩的学习和生活，加强父子之间的交流互动，对于男孩的疑惑和问题，提出具有男性思维的建议，将男性的阳刚气质潜移默化地传递给男孩。

（2）鼓励男孩多参与户外活动

多参加户外活动可以让男孩保持活泼开朗的个性，并且强健体魄。鼓励男孩积极地参加户外和社会实践活动能开阔眼界，能够提高男孩的人际交往能力，使男孩更加自信。

父亲陪同男孩一起参与户外活动，既可以增强父子间的交流，还可以为男孩树立一个运动、健康的榜样。

（3）不压抑男孩的好动、好斗的性格

淘气、好打架、喜欢闯祸这些都是男孩的天性，男孩在这些行动中能够变得勇敢、大胆、主动、坚强、能言敢为，做父亲的应当明白这些气质都是男孩性格中所需要的，每个男子汉都是这样成长起来的。因此不能过分压抑男孩的好动、好斗的性格。

如果男孩闯了祸，父亲首先要控制好情绪，给男孩解释的机会，弄清事情的原委。如果男孩的初衷好，只是行动的方式不当，父亲应当肯定男孩的初衷，然后对男孩的行为方式进行指正。

（4）引导男孩的冒险行为

男孩具有强烈的好奇心，喜欢探索和冒险，而男孩的种种探索和冒险行为，也常常会产生一些不大不小的破坏性效果。此时父亲要善于引导，让男孩的创新、探索、冒险能力能够正确地发挥。

王浩又在拆东西了，这一次他的实验对象是爸爸的拉杆箱。爸爸的拉杆箱看似普通，却是价格不菲的名牌货，爸爸发现后赶紧走过来问："浩浩，又在搞什么发明啊?"王浩说："爸爸，我想做条小船，到游泳池里划船。"爸爸说："游泳池是很危险的。"王浩说："我就想在那里划船。"

爸爸知道阻止是没有用的，就对他说："邻居小明家有个橡皮圈，我去借来给你玩，不要弄拉杆箱了。"于是王浩停止了破坏，高高兴兴地去游泳池"划船"了。

父亲需要尊重和保护男孩的好奇心、探索欲和冒险心理，在保障安全的前提下，鼓励男孩大胆尝试。让男孩在尝试中，明白其中的一些道理，增长见识。

让孩子自己动手实践，培养孩子的独立性和创造力

让孩子自己动手实践，能够很好地激发孩子的独立性与创造力。如果爸爸总是过分保护孩子，任何事都不让孩子动手，那么势必会影响孩子的动手实践能力，这对培养孩子的兴趣与自信心都很不利。

萌萌是一个6岁的小男孩，一天他在课堂上学习了如何自制泡泡水，便想回家亲自试验一下。回到家后，他从厨房找来了洗洁精、水等材料，准备按照老师教的进行调配。这时候，刚好爸爸下班回家，便询问起来。听了萌萌的想法后，爸爸很支持，而且还和萌萌一起操作起来。他们一起调配好泡泡水，还用一根细金属丝做成了吹泡泡的工具。

父子俩完成准备工作后，萌萌马上用金属圈放入泡泡水中蘸了一

下，然后轻轻一吹，一个五颜六色的大泡泡就做出来了。看着萌萌高兴、兴奋的样子，爸爸也欣慰地笑了。

　　其实，萌萌之所以会养成自己动手的好习惯，和父亲平时的鼓励、支持有很多关系。在爸爸的鼓励和帮助下，他还自己动手做过简易存钱罐、拖把、笔盒等日常用品。每次看到这些成果，萌萌心里都特别自豪。

　　让孩子动手实践是帮助孩子成长的最好方法，它能够开发孩子的智力，同时帮孩子养成勤劳、独立、勤思考的好习惯。因此，从孩子咿呀学语、蹒跚学步开始，爸爸就应该多多支持和鼓励孩子自己动手实践了。

　　实践来自生活，我们日常生活中的吃、穿、住、行都能成为培养孩子动手能力的工具。而且，让孩子越早学会自己动手实践，就越能培养孩子的独立性和创造力。孩子的实践能力、独立性和创造力的培养，其实随时随地都可以展开，父母应该将其作为一个目标和行为准则放在心里。

　　让孩子自己动手实践，是培养孩子独立性和创造力的基础。我们再对独立性和创造力进行深入分析的话，可以看出独立性更侧重于孩子的生活能力，而创造力更多地是指孩子的思维灵感、精神火花。下面，我们就来看看如何通过实践来培养孩子的独立性和创造力。

1. 让孩子做自己力所能及的事情

　　凡是孩子自己能做到的事情，父母千万不要代替他完成，这是一个非常重要的教育原则。其实两三岁的孩子就已经有了想表现自己、想自己干的意愿。当孩子有了这种想要独立完成某事的愿望后，父母应该做到因势利导，从小培养孩子在日常生活中的自理能力。而孩子日后独立性和创造力的形成也都是以这种基本习惯和能力为基础的。

　　比如，在孩子1岁多时，父母就应该培养孩子自己吃饭的能力。也许一开始孩子还需要在父母的帮助下完成吃饭动作，但是很快就会独立完成了。让孩子自己吃饭、自己穿衣、自己如厕、自己脱鞋、自己脱衣服、自己擦鼻涕、自己洗手、自己整理玩具等，这些都需要父母一步步引导孩子去独立完成。在孩子的幼儿期，自理能力是需要培养的最主要内容。到了五六岁，还可以培养孩子自己劳动、做家务、写作业等能力。

2. 培养孩子逐步思考的能力

培养孩子逐步思考的能力，也就是让孩子学会勤动脑。其实，现实中很多父母都习惯于单方面向孩子输入知识，给孩子讲故事、讲道理、讲人生哲理等，恨不得将所有时间都用来帮孩子丰富知识量。其实，培养孩子独自思考、独自获取知识的能力，比单向给孩子脑子里填知识要重要得多。中国著名儿童教育家陈鹤琴先生就曾提出过一条原则：凡是孩子自己能够想的就应该让他自己去想。

3. 创造机会让孩子自己拿主意、做决定

父母通常认为孩子就应该乖乖听话，听大人的，其实孩子有自己的主意和想法是一件好事，而父母不仅要鼓励和培养孩子自己拿主意，还要在一定程度上故意制造机会让孩子自己拿主意、做决定。比方说，让孩子选择自己喜欢的衣服颜色、款式，让孩子自己决定和谁做朋友。我们的教育总是喜欢让孩子顺从、听话，而并不关注孩子的内心和需求。当父母事无巨细地将孩子所有的事情都决定了，孩子也就失去了自由决策的机会与权利，这样很难培养出孩子的自我判断和抉择能力。

4. 让孩子在实践中自己克服困难

父母在让孩子自己动手实践的过程中，一开始往往会遇到困难，比如让孩子自己吃饭结果摔了碗、让孩子自己穿衣服结果耽误了很长时间、孩

子自己完成不了某件事结果哇哇大哭等情况。无论对父母，还是对孩子而言，这些困难都是现实存在的。而家长若是因为想省事或者一时心软就放弃原则，那就只能前功尽弃了。

因此，在孩子独立做事遇到困难时，父母一定要先自己坚持原则，不要随便妥协，应该鼓励孩子努力克服困难，尽量坚持将事情做完。特别是对于依赖性比较强的孩子而言，父母更要做到"有所为，有所不为"。

5. 鼓励孩子的好奇心与探索欲

爱因斯坦曾经说过："谁若不再有好奇心，也不再有惊讶的感觉，那么就无异于行尸走肉，他的眼睛也是模糊的。"好奇心与探索欲是人类最珍贵、也最有价值的东西，它是科学的推动力，也是能够激发孩子兴趣、开发孩子智力、让孩子专注投入到自己感兴趣的事物中的神奇力量。因此，我们要学会鼓励和保护孩子的好奇心与探索欲，并且通过一定的引导，使其向积极的方向发展。

6. 引导孩子接触日常工具

苏联著名教育实践家苏霍姆林斯基说过："孩子的智慧就在他的指尖上。"我们应该鼓励孩子勤于动手，具体可以从让孩子接触和熟悉日常用具开始。比如教孩子使用筷子、勺子、剪刀、手表等工具，让孩子认识和熟悉乐器、书本等。只有当父母真正认识到应该让孩子自己动手时，才会放任孩子自己摸索一些日常工具，而不是对孩子大声嚷嚷："快放下，别弄坏了！"

7. 让孩子的想象力自由翱翔

想象力与创造力是一对好兄弟，想要培养孩子的创造力，就不要阻止他去想象。爱因斯坦说："想象力比知识更重要，因为知识是有限的，而想象概括着世界上的一切，推动着进步，并且是知识进化的源泉。"的确，若没有丰富的想象力，又何来创造呢？因此，对父母而言，千万不要去扼杀孩子与生俱来的想象力。孩子天生有一颗善于幻想的心，即便是冒出一些稀奇古怪的不合常理的或者不切实际的怪念头，父母也要给予一定的鼓励和回应，以此保护孩子的想象力，而不是大吼："不要胡思乱想了！"

总之，培养孩子的独立性和创造力绝不是一朝一夕可以完成的事情，而方法也是需要不断总结、不断完善的缓慢过程。只要父母认识到其中的关键所在，并且努力从孩子的角度看待问题，就能让自己和孩子都少走一些弯路，在孩子的成长之路上扮演更好的角色。

小皇帝与小绅士：拒绝包办一切，
培养男孩的责任感

为了让儿子得到更好的照顾，李明的妈妈生下孩子后便放弃了工作。而且，家里还请了保姆，心疼孙子的爷爷奶奶更是对李明溺爱不已。李明从小身体就不好，只要一有风吹草动，一家子都跟着胆战心惊、如履薄冰。

于是，在学前，李明的人生从大事到小事全被父母一手包办了，享受着"小皇帝"的待遇：小李明吃的都是"专利菜"，而且从来不必自己伸手，都是喂到嘴里的；小李明穿衣服都是父母代劳的；只有在气温适宜的天气才肯让他出门，热了怕热着，冷了怕冻着；只要出门，吃的、穿的、用的、玩的都要父母随身带好，以备不时之需。

上学以后，李明因为各种问题难以融入学校生活：他不愿值日、劳动，需要父母代劳；他不想参加学校的晨跑，因为要睡懒觉，为此还让爸爸专门到医院开了病例证明；他只要打个喷嚏，就以生病为由不去学校上课了。尽管老师也对这种做法提出过异议，李明的父母却不以为然："明明从小身体就不好，怎能和其他孩子比？"

就这样，李明像一个小皇帝般在父母的精心呵护下长大了。这时候，父母却开始担忧，因为他们发现孩子已经难以独立生活了。原本他们以为，等孩子长大了，独立和责任这些能力孩子都会自然而然地拥有。而事实却并非如此：李明过惯了饭来张口、衣来伸手的日子，甚至连拿个碗筷都要父母代劳。

有一次，李明的爸爸带着他去吃肯德基，结果点完餐忘了拿吸管。李明一看，便生气了，发脾气说："爸爸，你太粗心了，没吸管我怎么喝果汁！"爸爸没办法，只好帮他取了吸管。

18岁时，李明要考大学了。尽管父母百般催促，他都是一副不痛不痒的态度。每天除了看电视，就是打游戏，有时候还赖在家里不肯去学校。高考那天，他甚至忘了带准考证，只能让爸爸急急忙忙回去取。为此，他还抱怨父母："你们怎么搞的？准考证都忘了给我带上。"而高考成绩出来后，李明果然落榜了。在父母愁眉苦脸之际，李明却一点不为未来担心，依然一副事不关己的样子，过着"皇帝"一般的逍遥日子。

李明的案例就是一个典型的父母包办一切的例子，而让人感觉无奈的是，现在很多父母都存在着类似的问题：他们总是认为孩子还小，需要保护，需要他们一手包办各种事情……其实，在这样一手包办的背后是对男孩的不信任、不放心、不放手。而男孩子在这样的教育方式下，其责任感在萌芽状态时就被扼杀了。等孩子长大了，父母又如何能期待他们"自然而然"承担起该负的责任呢？就像案例中的李明一样，缺乏责任心的男孩子，其成长过程注定是充满缺陷、不完整的，而责任感的缺失也将最大限度地影响孩子未来的生活方式和人生走向。

等到父母发现孩子的成长已经脱离自己的预期时，可能为时已晚，就像案例中李明的父母最终只能为孩子的未来一筹莫展，却也无能为力。权威儿科博士詹姆斯告诫家长们说："依赖本身就滋生懒惰，精神松懈，懒于独立思考，易为他人左右等弱点。所以说，处处对孩子包办代替，这不是在帮助孩子，而是在坑害孩子。"特别是对男孩来说，社会和人文环境所赋予他们的责任比女孩更重。而当他们长大后，需要独立面对人生、独自走进社会时，谁又能为他们包办一切、承担一切？

所以，对于父母而言，真正对孩子好的做法是：努力将孩子培养成一个有责任感的小绅士，而不是养成一个"衣来伸手，饭来张口"的"小皇帝"。那么，具体应该怎么做呢？

1. 从小开始培养男孩的责任心，且循序渐进

在男孩小的时候，要先让他养成生活自理的能力，慢慢长大的同时，也要学习如何承担社会和家庭责任。父亲应该按照男孩所在的年龄段，布置相应的符合其能力的任务。随着年龄增长，被赋予的责任也会越来越大。

比如，在男孩6岁之前要学会自己穿衣、吃饭、如厕等，7~8岁时应该能承担叠被、整理房间、摆放餐具、整理图书、打扫房间、倒垃圾等任务。需要注意的是，不论父母赋予孩子怎样的任务和责任，都要以孩子能够听懂的方式说清楚，让孩子意识到自己有义务把事情做好。

2. 给男孩提供做事或服务他人的机会

我们时常听到有一些家长抱怨孩子说："现在的孩子啊，太懒惰，而且什么都不会做，事事都指望着大人。"其实，这时候，最应该反思的不是孩子，而是父母——父母有没有让孩子自己做事的意识？生活中，有很多父母，或者担心男孩做不好事情，或者心疼孩子，或者怕麻烦，宁愿自己代办，于是便不让孩子承担任何事。久而久之，孩子自然会认为所有的事情都应该由大人来完成，与自己毫无关系。

所以说，父母想要培养男孩的责任感，首先要让自己具备相应的意识。很多事情即便父母可以做，也愿意做，但是依然要将机会留给孩子自己，这样才能培养孩子的责任心和做事能力。

3. 尊重男孩做出的决定和选择

只有当男孩感到自己的决定和选择被父母尊重时，才会真心愿意为自己做的事情担起责任。现在很多父母都怀着"望子成龙"的期待，一心为男孩安排好一切，却忽视了这样做实际上是剥夺了孩子做决定或选择的权利。当孩子认为自己的选择是被迫的、不被尊重的，又怎么会愿意为其承担责任呢？

事实上，男孩责任心的培养需要父母给予必要的尊重和信任，而父母也应该相信孩子能够做好自己力所能及的事情。当父母决定放手让孩子自己做时，孩子的责任感、独立精神和自主意识都会提升，这对于孩子日后成长中良性循环的形成是很有帮助的。

4. 要求男孩做事有始有终，必要时不妨让孩子品尝一下苦果

男孩胆子大，而且好奇心强，什么都愿意去试试，但与此同时，也容易犯做事虎头蛇尾或有头无尾的毛病。因此，父母交给孩子做的事情要进行适当的监督、检查和评价，帮助男孩子养成认真负责、持之以恒的态度。必要的时候，也要让孩子尝一尝做事不认真、虎头蛇尾的苦果。

5. 做错事时给予男孩鼓励和帮助

很多父母都不愿意接纳孩子犯下的错误，只希望孩子按照自己的期待将事情都做好。事实上，这种观念也是有问题的。要知道，在男孩年龄小的时候，因为知识、经验、能力、毅力等方面的不足，难免会犯错误。而父母应该对此有一定的心理准备，在孩子犯错的时候要真心接纳，耐心交谈，而不是去批评、否定，甚至表现出情绪失控的一面。父母应该意识到，犯错也是孩子成长中必经的过程。犯错不可怕，只要孩子能正视错误，并且愿意为其承担责任，就是一个了不起的好孩子。

6. 父亲要做一个好榜样

父亲在儿子的心目中就是偶像、英雄，而且具有绝对的权威，因此父亲要学会用自己的言谈举止给孩子树立一个好榜样。如果父亲是一个做事敷衍、不负责任的人，那么即便他想将孩子培养成一个有责任感的人，孩子也不会信服；反之，父亲若是一个对工作认真、对家庭负责的人，孩子也会在耳濡目染之下培养出责任心。另外，父亲也可以在相处中，与儿子聊聊自己的工作，告诉孩子自己完成一项工作或克服一个困难时的自豪感与成就感，让孩子认识到每个人在做事时应该担负起的责任，从而积极、主动地养成责任意识。

拓展游戏

能力训练：在亲子游戏中培养和提高孩子的创造力

如何培养和提高孩子的创造力，这也是困扰许多爸爸的重要难题，对于年龄比较小的孩子来讲，在游戏中开发孩子的创造力是最行之有效而且也最受孩子欢迎的一种方式。在游戏中，不仅可以让孩子体会到玩耍的快乐，也可以让孩子采用一种轻松的方式认识和熟悉周围的事物。父亲与孩子一起玩游戏，还可以增进父子之间的感情，营造融洽的亲子关系。

孩子在游戏中对陌生事物以及世界的探索和感知，可以激发孩子的探索欲望，从而促进孩子创造力的开发和发展。那么有哪些游戏可以帮助开发孩子的创造力呢？

1. ××（家人的名字）在吗

游戏目的

教孩子认识和记住家里人的名字，开发孩子的记忆力，为培养孩子的创造力奠定基础。

适合年龄

1 岁半。

游戏方法

首先爸爸要将家里人的名字告诉孩子，然后通过游戏的方式加深孩子的印象。跟孩子一起模拟打电话的场景，爸爸可以问孩子："×××（妈妈的名字）在吗？"孩子会说不在，因为妈妈要晚上下班才能回家。还可以问："×××（爷爷或奶奶的名字）在吗？"孩子会说在，然后将爷爷或奶奶叫过来听电话。当孩子认识了家里人的名字之后，爸爸要跟孩子位置互换，让孩子问，爸爸来回答，看看孩子是否能够顺利说出家里人的名字。

当这个游戏玩得比较熟之后，爸爸还可以尝试让孩子背诵家里的电话、家庭住址以及家人的电话等，促进孩子记忆力的开发，提高孩子的社交能力。

2. 帮水搬家

游戏目的

锻炼孩子的眼睛和手的协调能力，促进孩子智力和创造力的开发。

适合年龄

1 岁半。

游戏方法

准备两个口稍大的塑料瓶，让孩子将其中一个瓶子中装满水，然后再将水倒入另一个瓶子里，尽量不要让水漏出来。当孩子熟练了之后，再引导孩子将碗里的水倒进瓶子中，并同时保证水不洒。刚开始的时候爸爸可以从旁协助，在孩子动作比较熟练了之后，爸爸就应该让孩子独立去完成，当孩子独自做好时，爸爸要给予及时地赞扬。

3. 变高和变矮

游戏目的

帮助孩子锻炼筋骨，增强腿部关节和韧带的灵活性，促进孩子身体发育，为孩子创造力的培养攒下身体的"本钱"。

适合年龄

1岁半。

游戏方法

找一块比较安全空旷的区域，爸爸跟孩子面对面站着，当爸爸说"来，我们一起变高"的时候，爸爸就跟孩子一起踮起脚尖，伸直身体，然后举起双手，人就变高了许多；当爸爸说"来，让我们一起变矮"的时候，爸爸就跟孩子一起弯腰低头，然后双手抱住膝盖，身体缩成一个球状，这样人就变矮了。

游戏的节奏可以由快变慢，也可以让孩子自己喊口令掌握节奏。在练习伸展和蜷曲身体的时候，可以锻炼关节和韧带，促进全身肌肉的协调运动。

4. 小白兔跳

游戏目的

锻炼孩子足部的活动能力，发展孩子的运动细胞。让孩子通过运动促进其智力和创造力的开发。

适合年龄

1岁半。

游戏方法

双手放在头的两侧，然后伸出食指和中指扮成耳朵状，模仿小白兔跳，双足离地向前跳，爸爸可以跟孩子一起比比看谁跳得更远。可以在跳的时候一边念童谣："小白兔，白又白，两只耳朵竖起来。"来增加游戏的趣味性。

5. 认识新朋友

游戏目的

帮助孩子认识眼睛、鼻子、嘴巴等"新朋友"，让孩子对自己的身体有一个初步的了解。

适合年龄

1 岁半。

游戏方法

在爸爸让孩子了解了自己的身体器官之后，就应该开始让孩子认识每个器官的作用了。爸爸可以抽时间跟孩子坐在一起，然后边指着自己的各个相关部位，边说："我用眼睛看东西，我用耳朵听声音，我用嘴巴吃东西和说话，我用鼻子闻香味和臭味，我用手拿东西，我用脚走路……"爸爸说完之后可以让孩子重复，在重复的过程中孩子不可能一下子都记住，爸爸要有耐心，一遍一遍地教孩子。

6. 抓豆豆

游戏目的

锻炼孩子手部肌肉的发展。

适合年龄

1 岁半。

游戏方法

准备一个空碗，在碗里放上一些黄豆和绿豆，引导孩子抓起一把豆子，然后将手松开，让豆豆从指缝间滑落掉到碗里。也可以在边抓豆豆的时候边念："黄豆绿豆，吃了长肉。"在陪孩子玩游戏的同时，爸爸一定要做好监护工作，防止孩子将豆豆放入嘴中呛进气管。

7. 制作瓜果艺术画

游戏目的

通过与孩子一起制作瓜果艺术画，激发孩子的视觉创意发展，开发孩子的空间智能，让孩子的想象力自由飞翔。

适合年龄

2 岁以上。

游戏方法

首先准备好水彩颜料、瓜子或瓜子壳、糖果包装纸、大画纸、胶水等物品。将大画纸展平放在桌子上或者地上，让孩子充分发挥自己的想象力，用瓜子、瓜子壳或糖果包装纸摆成自己喜欢的形状，然后用胶水粘在画纸上，之后再用水彩添加上自己喜欢的颜色，让孩子也拥有一幅自己的创意艺术画。

8. 瓜子碰碰乐

☀ 游戏目的

让孩子感受不同瓜子或物品的触感，刺激孩子的肢体触觉和大脑，从而发展孩子的情绪，促进孩子人际智能的开发。

☀ 适合年龄

0~3岁。

☀ 游戏方法

要准备好黑瓜子、白瓜子、向日葵种子、开心果等瓜子，还有锅子。将各种种类的瓜子放入锅子中，大约淹没锅子的一半，让孩子将手伸到锅子里去碰触瓜子，可以在锅中搅拌搅拌，然后再让孩子洗干净的小脚丫也伸到锅子里去感触瓜子，延展孩子的触觉。

如果孩子年龄比较大的话，也可以让孩子闭上眼睛去感受瓜子，然后让他去猜是什么种类，这样会适当增加游戏的难度，不过对孩子来讲，游戏的趣味性也增加了。

9. 瓜子交响乐

☀ 游戏目的

锻炼孩子的听觉，增加孩子听觉的敏锐度，同时也可以培养孩子的节奏感，从而促进孩子肢体动作和音乐智能的发展。

☀ 适合年龄

2岁以上。

游戏方法

　　爸爸可以准备一些瓜子和几个宝特瓶，让孩子用手将瓜子慢慢放入宝特瓶中，这样可以锻炼孩子眼睛和手的协调能力，同时也可以提高孩子的肢体触觉。在瓶中放入定量的瓜子后，爸爸可以帮助孩子将瓶盖盖好，然后跟孩子一起有节奏地摇晃瓶子，可以试着打拍子，让孩子跟着做，也可以播放一些节奏感比较强的音乐，让孩子一边跟着音乐，一边有节奏地打拍子，以增强孩子的节奏感，开发孩子的音乐智能。

第八章

教育女孩：如何塑造出气质优雅、心智成熟、性格完美的"小公主"

不可替代的父亲角色：爸爸决定女儿一生的关键能力

在传统观念中，人们通常认为，男人负责干事业，女人负责管理家庭。男人教育儿子，女人教育女儿。其实这样的观念并不正确，在女儿的成长过程中父亲有着不可替代的作用，母亲通常在生活层面对女儿的影响更多，而父亲却会对女儿的性格形成产生至关重要的影响，父女关系在某种程度上决定着女儿一生的幸福。

1. 父亲影响女儿对异性的认知和理解能力

在女儿的人生中，父亲是第一个男性，女儿对于男性的认知和理解主要来自于父亲这个"范例"，并且，在相当长的时间内，父亲都是最权威、最值得信赖的"范例"。

父亲是否爱家，是否有责任感，是否镇定、果敢、坚毅，是否博学、智慧，都会成为女儿对异性最初评价的参照标准。家庭生活中的父亲的形象，会让缺乏阅历和自主判断能力的女儿形成男人都应该是这样的人的想法，这些想法将会直接影响女儿对异性的期待。

有的父亲对自己女儿缺乏耐心，态度生硬，平时很少与孩子沟通，什么事情都推给孩子的母亲。这样的女孩可能会认为男人都是性格急躁，冷冰冰的。如果将来女孩找到一个像父亲一样对自己坏脾气的男朋友，她很可能会委曲求全，因为她早已认定男人都该是这样的。

相关研究表明，父亲是女儿未来择偶的重要参照，如果父亲在女儿心中的形象是温暖的、正面的，女儿就会寻找与父亲相似的配偶，如果父亲给女儿留下了冷漠的、负面的形象，女儿就可能要么对异性失望、厌倦婚姻生活，要么就走极端，男性只要有一点关怀，就一美遮百丑。

虽然在女儿成长的过程中，会有其他的男性形象对她产生影响，但是父亲对女儿的影响却是最初的，具有决定性的。

2. 父亲影响女儿处理两性关系的能力

在家庭生活中父母相处的所有场景，都会成为女儿学习男人和女人相处之道的活教材，女儿会有意无意的模仿自己的父母。我们会经常听到，小女孩在谈论自己的家庭生活时，描述自己父母的互动场景时说：在家里，爸爸一怎样，妈妈就如何。如果父母能够彼此理解、尊重、关爱、相互支持，当遇到矛盾、分歧时，能够坦诚的沟通，女儿将会从中学到宝贵的经验。对女儿而言，家庭就是一个婚姻课堂，女儿步入婚姻前的情感准备，经营婚姻的能力，很多都是从与父母的朝夕相处中学来的。如果父母的婚姻关系不和谐，就会严重影响女儿建立婚姻关系的能力，并影响她们对婚姻生活的期望和信心。离异家庭的子女将来离异的概率，也远远高于正常的家庭。

好的父亲即是女儿的人生导师，又能成为女儿的知己朋友。如果父女之间能够坦诚、轻松、亲密、愉快地相处，那么，女儿在人际关系能力发展方面就会比较顺利；如果女儿对自己的父亲感到疏远、惧怕和难以理解，女儿就非常容易产生人际交往特别是与异性交往方面的障碍，她们因为缺乏对异性的认知和经验，在对待异性的过程中，往往把握不好分寸，要么冷漠，要么拒绝，要么轻信，很难建立和谐的两性关系。

3. 父亲影响女儿的女性气质和魅力

女性气质对一个女人非常重要，女儿年幼时与父亲的交往会促进或阻碍其女性气质的发展。如果父亲对女儿的着装、举止等毫不关注或不善表达，就会阻碍女儿在女性气质方面的发展；如果父亲经常表达自己的看法，女儿就会认同和重视自己的女性角色，父亲的欣赏会让女儿备受鼓舞，更容易形成自己的女性魅力。

然而，有很多的父亲在女儿的成长过程中，并没有成为一个合格的观众。有的父亲说自己不知道如何与女儿相处，其实，即使不能成为女儿的知心朋友，只要给女儿更多的陪伴和关注也会大有益处。有的父亲说，自己太忙了没有时间，其实忙只是一个借口，根本上还是没有正确地认知和重视父亲的角色和作用。

4. 父亲影响女儿的信心和上进心

虽然母亲与女儿相处的时间更多，但由于在大多数家庭中父亲更有权威性，并且父亲相对于女儿是异性，所以女儿往往更加在乎父亲的评价，也更渴望得到父亲的关注和认可。如果把母亲比喻成女儿的港湾，父亲则是女儿的灯塔和加油站。在家庭中，如果得到父亲对自己能力的关注、信任和称赞，女儿就会更加自信和开朗，所以，当女儿取得成绩时，父亲应及时表达自己对女儿的认可和赞许。相反，假如女儿感受不到父亲的关注和认可，就会认为自己不重要、不可爱，感觉自己备受冷落，更容易形成自卑和孤僻的性格。

父亲的关爱在女儿的自尊感和性格形成的过程中，发挥着重要的作用。让女孩在较小的年龄就亲近父亲，认识到父亲的一些性格特征，让她明白这些都是正确的，她不需要完全模仿自己的母亲，对女孩的个性发展非常重要。

在社会生活中女儿也常会以自己的父亲为榜样，许多父亲会向女儿传授生活上重要的经验和教训，并让女儿明白社会生活中的各种行为准则。而父亲在事业上的拼搏和坚持，更会鼓舞女儿的上进心和积极的竞争精神。即使父亲在努力拼搏以后遭遇失败，对女儿也有鼓励，她会努力上进，争取成功。父亲失败以后咬紧牙关，继续坚持的行为，会让女儿明白什么是勇气和毅力。女儿看到自己的父亲每天上班，辛苦地工作，会明白一个人要有家庭责任感，她将来也会努力肩负起自己的家庭责任。

父亲对女儿的影响还有很多，女儿逻辑思维大多来自父亲，女儿运动才能与父亲有关。女儿的很多知识也源自父亲的传授，特别是在历史、政治、天文学等女孩子不感兴趣的学科上，有很多女孩从自己的父亲那里继承了艺术天赋或是职业技能。父亲不但会影响女儿的职业生涯、婚姻感情生活，而且还会影响女儿的生活情趣和生活方式等。女儿未来的幸福指数与父亲息息相关，为了女儿的幸福，父亲需要尽力向女儿倾注更多的爱！

0 ~ 7 岁：塑造女孩完美性格的黄金时期

俗话说："3 岁看大，7 岁看老。"0 ~ 7 岁，是塑造孩子性格的黄金时期。在这个阶段，孩子的很多性情已经初步定性，对女孩而言也同样如此。此时，父亲对女儿的引导和关爱也就显得尤为重要了。

一般来说，在 7 岁之后的小学阶段，女孩会比同龄男孩表现得更优秀，然而进入高中后这种形势会发生一次逆转。针对这种转变，父母应该在女孩 0 ~ 7 岁这个阶段培养出女孩的完美性格，这更有利于女孩以后的发展与人生走向。

其实，在 0 ~ 7 岁时，女孩最重要的成长任务还是长身体，其次是学会说话、走路、思考等，为以后的智力发展奠定基础。父母在提起这个年龄段的女儿时，都会自豪地说：

"我女儿今年才 6 岁，可是都会讲很多故事了。"

"我女儿刚 4 岁，都会背很多英文单词了呢！"

……

确实，女孩在这个时期因为较早发育的记忆天赋和语言系统，往往表现出比男孩更优秀的能力。然而，正因如此，反而容易使父母犯下教育错误。

1. 在教育女儿方面，父母最容易犯的第一个错误就是：想让女儿在起跑线上超越更多同龄孩子

为此，父母不惜让女儿参加各种辅导课程，比如思维能力训练、阅读能力训练、背英语单词、背唐诗三百首等。然而，父母却忽视了这种教育方式是违背女孩自身成长规律的。美国的儿童心理学家通过研究调查证实，在 10～11 岁时，女孩才开始具备理性思维。在女孩尚未具备这种能力之前，父母若是强迫她用理性思维去理解、记忆这些事物，只会加重女孩的心理负担。

一般来说，父母若企图以人为的、强加的方式去"揠苗助长"，加速孩子思维能力的发展，那么只会打击女孩的自信心，使其在今后的日子里失去天真的笑颜。

如果父母试图让一个小女孩的思维能力加速发展，这样只会令她在今后的日子里对自己失去信心。我们都知道，女孩的感情天生更细腻，较为注重人与人之间的关系。在女孩小的时候，为了赢得父母、家人的宠爱，为了让父母更高兴、更自豪，她愿意努力做好父母希望她做的事情，比如背唐诗、练钢琴、学习舞蹈、上补习班等。然而，父母需要注意的是，不是所有女孩都是天才，父母过高的要求和期望会打击女孩敏感、脆弱的心灵。

另外，当女孩长大后，可能就没法像小时候那样轻松取得好成绩，赢得父母的喜爱。而这种前后落差很容易影响脆弱的孩子，使其失去自信心。很多女孩子小时候表现得聪明伶俐，性格也很活泼开朗，可是长大后反而表现出自卑、内向、抑郁的性格特征。不得不说，这就是其中一个最主要的原因。

2. 0～7 岁这一阶段，父母最容易犯的第二个教育错误是：试图通过讲道理让女孩表现出合作的态度

对一个 3～4 岁的小女孩而言，不管是怎样的告诫或者讲大道理都不能

真正打动她，因为她还根本不具备完全理解和接受的能力。如果父母一心想要小女孩接受并按照他的"大道理"去做，那么这只是强人所难、揠苗助长罢了，这是明显不符合女孩成长规律的教育方式。

既然讲道理不管用，那么当女孩犯错时，父母怎样才能让女儿表现出合作态度呢？

> 一位父亲在分享自己的育儿经验时，这样说道：
>
> 以前，每次看到女儿将自己的玩具乱堆乱放，扔得乱七八糟时，我都会给她讲道理，希望她能乖乖合作。可是，我发现这些道理对她完全没有用，她根本记不住我的话，也不会乖乖照做。后来，我每次都会亲自将她的玩具归类整理好，并且在做的时候，用行动教给她应该怎样去做。就这样，我示范了几次之后，女儿就开始学着自己整理玩具了。

0~7岁，小女孩只具备一些基本的象征性思维。如果希望她们像大人一样具备逻辑思维能力，并且有步骤、有目标地完成一件事，这是不可能的。她们记不住父母所制定的家庭规则，也没法完全接受那些大道理，父母必须用实际行动告诉她们应该做些什么、怎么做，并且反复提醒、示范。

在了解了小女孩在这一时期的特点之后，父母还应该掌握几种培养女孩的方法。

（1）减少小女孩做决定的信息量

在这一时期，小女孩对外部世界和事物充满了好奇心，喜欢和感兴趣的东西也很多，如洋娃娃、蝴蝶结、各种款式的衣服等。但是，父母不要给她提供过多的选择，因为太大的信息量会让她无所适从，反而不知道如何选择。比如爸爸若问女儿："你中午想吃什么饭呢？"这对小女孩来说，信息量和思维难度就太大了，所以也不知道该怎么回答。若是这样问："宝贝，你中午想吃炒肉，还是番茄炒蛋？"小女孩就能很快做出回答了。

有人可能会觉得，让女孩自己思考、做选择，不是一种很好的教育方式吗？但是前提是，不能为她们提供太宽泛的选择范围。在 7 岁之前因为尚未具备理性思维，太宽泛的选择只会让孩子感到困惑、迷茫，缺乏安全感。在减少女孩做决定的信息量，甚至帮助她做出一部分决定时，只要父母的态度坚决而又和蔼，往往能够赢得女儿的合作。而且，这样会让女孩更有安全感，因为她会知道父母在为她负责。而在 7 岁之后，女孩拥有了理性思维之后，父母就可以放手让她自己做决定了。

（2）不要让小女孩过早进入成人世界

父母应该遵循女孩正常的成长规律，不要让她过早地进入成人世界，因为成人世界充满各种忧虑、烦恼甚至算计，对女孩的心理健康会产生不良影响。那么，父母应该怎样避免女孩过早接触成人世界呢？

一是不要跟小女孩开一些具有成人特色的玩笑，比如：“你喜欢什么样的男朋友呢？”或者，称她为小大人、小淑女等，希望她像大人一样说话、做事，那会让她困惑、不安。

二是当女孩做出的事情符合她的年龄段时，父母应该给予鼓励和表扬。这样，女孩才不会一时被成人世界所吸引。

（3）尊重这一时期小女孩的情绪

在女孩的婴儿时代，只能用哭来表达自己的情绪。这时候，因为孩子还不会说话，父母只能耐心地寻找原因，看看是冷了、饿了、尿布湿了，还是害怕了。然而，当女孩学会说话之后，而且所能感受到的情感更复杂之后，父母反而容易忽视女孩的情绪，甚至开始不相信或者否认孩子的情绪。比如：父母可能会对女儿说：

“别哭了，其实打针一点都不痛！”

“我知道，你一定是装的！”

……

当自己的情绪被否认之后，女孩会变得更加不愿意和父母合作，甚至和父母对着干。而这时，有些父母便开始感慨：“为什么我的女儿越大越不听话呢？”实际上，不是女孩不听话，而是她们长大了，有了自我意识。当她们的自我意识被否定后，就会表现出不高兴和抗拒。所以，作为父母，想要让女儿所谓的"叛逆期"不要那么早来临，首先要学会尊重女儿的自我意识和情绪。

8～12岁：多一些陪伴和关爱，塑造父亲的影响力

一直以来，有两种教育理念在中国的父母心中可谓深入心底：第一，父亲负责干事业，母亲负责带孩子；第二，父亲负责教育儿子，母亲负责管女儿。事实上，这也是很多中国家长最容易犯的教育误区。

美国密西根大学曾经做过一项为期50年的调查，内容涉及100多项，主旨是调查良好的父亲教育会对女儿的情感、智力、身体健康等造成怎样的影响。

调查结果显示：

43%的女孩认为自己更多地从父亲那里获得了艺术天分；

53%的女孩成年后回忆时认为，父亲教给她们更为丰富的知识，尤其是自然科学、历史、国际关系等方面；

63%的女孩回忆说，因为父亲在自己童年时代给予的关爱，让自己具备了更强的心理自愈能力，即使遇到挫折也可以从容应对；

69%的女孩认为是父亲的鼓励和赞扬给了自己自信……

这份调查数据可以说带给了女孩父母们非常深刻的启示。女孩未来生活的幸福与成功在很大程度上取决于她的心理健康、自信、学识、情商等，而这所有的一切都将与父亲这个角色有关。因此，父亲对女儿的成长也肩负着非常重要的责任，而不是像很多中国父母认为的那样，女儿就应该由母亲管。

而对女孩而言，8～12岁这个阶段是人生的一个新起点。她们将从童话般的童年世界里走出来，去探索外面更广阔而新鲜的世界，这时候父亲的角色更是不可或缺的。科学研究表明，无论是身体，还是大脑，女孩都

要比男孩发育得早。特别是在 8～12 岁这个阶段，女孩的脑细胞更新更快，海马趾（主管记忆的部分）也特别活跃，而且大脑的血量比男孩多了15%，脑部语言中枢比男孩大 1/3。因此，这个时期的女孩也比男孩更具有探索欲望，对新的信息和知识也充满了渴望。

所以说，8～12 岁是女孩学习的关键时期，同时也是父亲培养其学习能力的黄金期。那么，父亲应该如何利用女孩在这个时期的特殊优势，来培养孩子的学习能力，以期对女儿以后的人生造成更好的影响呢？

1. 尽可能多地陪伴女儿

父亲往往承担着更繁重的家庭责任，也是家里最忙碌的角色，但是一个合格的爸爸应该意识到，女儿比事业更重要，因此无论工作多忙也要找时间陪伴女儿。父亲的关爱和陪伴会让女儿更有安全感，而安全感对女孩的成长是非常重要的。女孩若从小缺乏安全感，会导致一定程度的心理障碍，并且在未来的人际关系中潜意识地不断寻找"父亲"。

也许有的爸爸也感觉苦恼，和男孩在一起可以玩登山、摔跤等游戏，可是和女儿在一起总不能去玩过家家、洋娃娃之类的游戏吧？其实，陪伴并没有那么难，爸爸也可以选择一起"工作"。

比如一个三十多岁的成功女性在回忆自己的父亲时，说道："爸爸常想出能够消磨时光的事情，如集邮、集币，叫我跟他一起忙。一方面培养我的兴趣，另一方面能创造我们父女相处的机会。"其实，女孩希望父亲多陪伴自己，并不一定要在一起玩游戏，她真正需要的是父亲的关注，能够共同拥有在一起的时光女孩心里就很满足了。

2. 多准备一些"情感词汇"密码

中国的父亲通常不善于表达对孩子的感情，在面对女儿时，尤为明显。在这方面，美国父亲就没有任何障碍了，他们经常会对女儿说："你太棒了!""我真为你骄傲!"当然了,因为文化背景的差异,中国父亲可能说不出这样"肉麻"的话,不过也应该多多练习鼓励和夸奖女儿。

爸爸们在关注女儿的同时,要多地准备一些"情感词汇"来拉近与女儿的情感距离。这样一来,等女孩长大了,也不会因为缺乏感情交流而疏远父亲。

3. 尊重女儿内心的意愿

在女孩 7 岁前,因为感情细腻、干净整洁等特征往往让父母感到喜爱,可是在女孩 8 ~ 12 岁这个阶段,父母会惊讶地发现,女儿像变了一个人似的:她想像男孩那样爬树,想一个人到外面的世界闯荡……其实这是因为女孩在这个年龄段,由于身体和智力的发育,他们更愿意去探索外面的世界,甚至有些行为看起来有点胆大或冒险,而这正是她们学习活力和探索欲望的表现。

然而,大部分家长却很难理解女孩在这一阶段的某些行为,甚至会出面训斥或喝止,因为他们认为女儿的行为太不合常理或太男性化。于是,他们更愿意引导女孩去做一个规规矩矩的淑女,将那些看似荒谬的想法都"一棒打死"。

> 一个 9 岁的小女孩和爸爸一起在客厅里看电视,电视上表演的是斗牛比赛。父女俩看得津津有味,这时候女儿兴奋地对爸爸说:"爸爸,你看那个斗牛士多酷、多威风呀!等我长大了,也要当一个斗牛士!"
>
> 听了女儿的话,爸爸一愣,接着嘲笑说:"一个女孩子家,还想做斗牛士,这是不可能的!"接着,爸爸好像担心女儿"误入歧途"似的,又训斥道:"好了,别说这样的傻话,女孩儿家努力把钢琴学好才是正事!"
>
> 爸爸的话让女孩很不高兴,不过她也没有再说什么。只是以后每

次在练钢琴的时候，她都会情不自禁地冒出一些抵触情绪。

在8～12岁这个年龄段，女孩有时也会考虑自己的将来：将来会变成一个怎样的人，将来会从事哪种职业等，有时她们也会与父母探讨自己的想法。然而，就像案例中的父亲一样，很多家长在听到女儿表达出一些不合常理或者不符合身份的未来建设时，都会一口否决。然而，父母其实也应该考虑一下：这是女儿内心真正的想法吗？

就拿这个想当斗牛士的小女孩来说，这是她真正的愿望吗？的确，她在那一刻是有那样的想法，但是她在知识、经验、思考都不足的情况下，只是看到斗牛士的威风而看不到危险性。也就是说，这是孩子在认知不全面的情况下发出的稚嫩声音。而父亲直接否定的态度，却引发了女孩心中的反感情绪。因为女孩注重情感和人际关系，所以不会当面反抗父亲，可是却会用其他方式表现自己的不满，如不好好练琴等。

另外，在这种情况下，父亲对女孩的想法的否定，也妨碍了女孩的学习热情与探索欲望，这会影响女孩今后的学习积极性。因此，在女孩8～12岁这一阶段，对于女儿不切实际的想法，父亲不应该给予直接否定，而应该尊重女孩心里真正的声音，然后再慢慢引导。

4. 用艺术来滋养女孩

8～12岁，在这个美好的年纪女孩正处在充满活力、乐于探索的阶段。与此同时，很多复杂的情绪也会困扰着女孩，而这种莫名其妙的情绪也正是因为强烈的探索欲望而起。而在很多时候，对于很多问题其实她们都很难得到一个满意的答案，比如相比弟弟父母更喜欢谁、大人做事的背后到底是什么动机、为什么自己的好朋友突然不和自己玩了，等等。

这些复杂的情绪和问题背后，是女孩被搅得烦乱、焦躁的心。她们也想梳理好这一切，可是却无从下手；父母也想帮助孩子解决烦恼，可是只能徒劳无功。对此，教育专家给出的建议是：用艺术去转嫁女孩过剩的情绪和情感。比如让女孩学习舞蹈、绘画、音乐等，让她们的情绪在艺术中得到更好的抒发。

而且，在这一阶段，女孩的心脏和肺功能也将得到重要发展，唱歌和跳舞不仅能锻炼她们的身体机能，还能丰富她们的内心世界与情感表达，增强她们对人生的憧憬、幸福感和预见能力。

12～18岁：父亲如何帮助女儿顺利度过青春期

12～18岁的青春期是女孩从依赖走向独立的成长过程，在这个过程中，女孩的生理和心理都处在走向成熟而又尚未完全成熟的过渡期。青春期的女孩总是向往成熟又怀念童年，追求完美又总有缺憾，拒绝被灌输又渴望得到帮助。这些在家长眼中荒唐无聊的矛盾的心理，对女孩的成长来说意义重大。

在这一时期如果父母不了解自己的女儿，对女儿横加约束，往往会产生很多矛盾，也不利于女儿的成长。女孩的青春期教育，需要家庭、学校来共同完成，学校会教授她们青春期的生理和心理卫生课程，而在生活方面多由母亲对女儿进行指导。更为关键的是女孩在青春期会在消费、交际、学习等方面产生很多的心理困惑，此时父亲需要了解女儿的心理需求，并给予正确的指导，帮助女儿顺利度过青春期。

1. 引导女儿建立正确的消费观念

女孩进入青春期以后对物质的需求会悄然变化，刚刚进入青春期的女孩，不太追求个性化，而是通过从众寻求安全感，希望更好地融入自己的同学圈子中。随着年龄的增长，女孩们对自己所处的环境更加熟悉，也更了解自己同学、朋友的个性，就会慢慢产生彰显个性的需求，并会形成比较的心理，女孩们正是在比较中积累经验，并对自己在人群中进行定位，这种比较对女孩的成长具有积极的意义。

女孩们有可能会学会化妆、染发，并要求穿着性感的服装。其实她们是希望通过这些仪式，向成年人看齐，在小群体中标榜自己的个性，而有的家长却会把这些行为，简单地理解为攀比和叛逆。

面对女儿的物质需求和消费观念的变化，父亲首先需要根据女儿的同学和朋友的物质需求的平均标准和自己家庭的经济状况，判断女儿的物质需求是否正常。引导女儿建立理性的正确的消费观念，对于女儿的正常物质需求应当尽力满足，而对于比较过分的需求，则需要与女儿进行沟通，引导女儿建立理性的正确的消费观念。父亲应当注意防范女儿的物质需求膨胀，热衷于消费攀比无心学习。即使自己的家庭经济条件比较宽裕，也应教育自己的女儿要勤俭。如果家庭经济状况不好，则更不能因为担心女儿受委屈，而硬撑着满足女儿的高消费，这样的做法不仅不会让女儿建立自信，还会形成畸形的消费心理。

2. 引导女儿建立正确的交友原则

进入青春期后，女孩的思想和情感会发生很多变化，她们有时会浮想联翩，有时会忧心忡忡，有时会大喜大悲。因为担心家长会对自己的思想和情感的变化感到紧张和担心，并可能会批评自己，女孩们往往认为向自己的朋友吐露心声更可靠、更安全。另外，随着年龄的增长，女孩们的视野更加开阔，与社会的接触面更广，她们会不断地遇到新的问题，而此时朋友往往是最直接的帮助者。因此，女孩们不再依赖自己的父母，她们的思想和情感会向朋友转移。她们会结交自己信任的朋友，构建自己的小圈子。

此时，父亲应当支持自己的女儿正常交友，引导女儿建立正确的交友原则，并对女儿提出具体简单的交友底线。比如，不要与带自己做坏事的人交朋友，不要与不守信用的人交朋友，不要与自私的人交朋友……另外，这一时期的女孩们往往会认为友谊是永恒的，当自己的朋友疏远自己时，有可能会受到伤害。父亲要让自己的女儿明白，朋友之间的关系是会发生变化的，友谊有可能会中断，让女儿有一定的心理准备。

3. 引导女儿正确处理与异性朋友的关系

女孩进入青春期后，与异性接触时会产生微妙的变化，她们开始关注高大帅气的男孩，并与自己的朋友一起对男孩们评头论足。起初只会有一些新鲜刺激的感觉，渐渐地女孩们开始明白自己喜欢什么样的男孩，并希望与他们交往。最初的交往形式可能只是嬉笑聊天，打打闹闹，很多女孩通过这样简单的交流，增加对男孩的了解。大多数女孩只把这种交往看作同学间的友谊，她们知道自己向往的爱情还没有来临，她们会选择等待。但确实也有女孩会早恋，这些"爱情"很多是以压力、误会和亲人的失落开始的。

初三女孩小丽最近发生了一些变化，她的身边多了一叫大伟的男孩。课间他们经常坐在一起聊得热火朝天。他们吃饭时一起吃，放学后也一起走。

班里的同学都说他们早恋了，后来班主任老师把这一情况告诉了两个孩子的家长。其实，小丽的父母也发现，小丽每天晚上都要与大伟在电话里聊一个多小时，节假日时联系更频繁。

起初小丽的父母都没在意，时间长了便感觉不太正常。当小丽的母亲问起小丽时，小丽说："没你们想得那么复杂，我们只是好朋友而已。"

青春期，是恋爱的前奏，是步入爱情的序曲，孩子们憧憬爱情也是必然的，如果女儿与某个男孩交往过密，父亲千万不能直接误解成早恋。有时候缺乏沟通的怀疑、捕风捉影的批评，往往会让女儿产生逆反心理，最终适得其反。父亲需要分析女儿与男孩交往过密的原因，是不是学习或生活中压力较大，需要找人倾诉；是不是家庭关系不和谐，对女儿产生了影响，女儿需要寻求安慰……

　　其实有早恋问题的女孩，往往会有一定的心理困惑，这就需要父亲与女儿坦诚地沟通，帮助女儿解决问题。当女儿提到某个男孩时，不要太过紧张，更不要急于批评女儿不专心学习，而是要耐心听女儿把话说完，并把情况询问清楚，然后思考正确引导的方法，等考虑成熟了再与女儿沟通。女儿通常会相信并采纳父亲的建议，这样的沟通方式会让女儿知道此类的情感问题可以与父亲沟通，不会遭到父亲的批评，以后遇到这样的问题女儿就会主动向父亲寻求帮助。这样的坦诚沟通也会赢得女儿的信任，女儿会把父亲当成自己的知心朋友。

　　女孩进入青春期后，活动范围越来越大，需要她们自己独立处理的问题也越来越多，越来越复杂，而此时她们往往容易受到外界事物的渲染，很容易冒失。她们对外面的世界充满了好奇、疑问和恐惧。女孩在青春期可能遇到的困难还有很多，比如不知道如何与新同学、新老师打交道；不知道如何调整自己的情绪，时常与同学发生冲突；不知道如何面对失败，她们想要知道人为什么活着？什么是人生观？什么是幸福？她们有太多的迷茫，她们需要有人帮助和指导。

　　父亲自然希望帮助自己的女儿，然而要想真正帮到自己的女儿，就要充分尊重自己的女儿，改变以自己的意志为中心，改变命令式的教育方式。要通过换位思考找问题，与女儿平等坦诚地沟通，信任自己的女儿，也让自己的女儿信任自己，做女儿的好榜样、好朋友。

📹 拓展游戏

　　审美训练：在亲子游戏中培养孩子的审美感知力

1. 骑小马（适合年龄：0~3岁）

　　在房间里放一些动感的音乐，爸爸双腿并拢坐好，把宝宝抱起来让他骑坐在自己的大腿上，随着音乐的节奏，爸爸把腿轻轻地跷起再放下，再踮起再放下，让宝宝随着音乐节奏快乐地骑小马。

2. 玩具在哪里（适合年龄：0~3岁）

先准备两只空碗和一样宝宝熟悉的小玩具，爸爸和宝宝分坐桌子两边，用玩具吸引宝宝的注意力，然后在宝宝的注视下把玩具扣在一个碗下，之后爸爸推着两只碗在桌子上不断地变换位置，一会儿停下来让宝宝猜玩具在哪里。

3. 连连看（适合年龄：0~3岁）

先准备一组图片和相应的实物，最好都是宝宝熟悉的东西，然后爸爸把图片一张张地给宝宝让他分别找出对应的实物，也可以拿一个实物给宝宝看，然后让宝宝在一组图片中找出对应的那张，之后再换另一个。

4. 煎鸡蛋（适合年龄：1~3岁）

做煎蛋游戏之前，爸爸先煎熟一个鸡蛋给宝宝观察，等宝宝熟悉煎鸡蛋的样子以后，再给宝宝圆形的白纸片和黄纸片，白纸片要比黄纸片大一些，教宝宝把二者组合在一起做成煎鸡蛋的模样。

5. 小手爬山（适合年龄：0~3岁）

这个游戏得配合儿歌来做："小小手学爬山，一爬爬到脚背上，脚背脚背摸摸。小小手学爬山，一爬爬到膝盖上，膝盖膝盖碰碰。小小手学爬山，一爬爬到肚子上，肚子肚子揉揉……"爸爸一边哼着这支儿歌，一边引导宝宝用小手来触碰他的身体，让宝宝更多的了解自己的身体各部位。

6. 空气宝宝（适合年龄：0~3岁）

爸爸与宝宝各拿一个塑料袋，让宝宝模仿爸爸的动作，把塑料袋开口放在嘴边吹几口空气，等塑料袋充满气时快速扎紧开口，然后引导宝宝用手接触鼓鼓囊囊的空气宝宝，同时教宝宝区分上下、前后、左右。

7. 不同的声音（适合年龄：0~3岁）

爸爸准备三个空的矿泉水瓶，在里面分别装入一把米、一些水和一颗石子，将这几个瓶子分别在宝宝耳边摇一摇，让宝宝仔细感受不同的声音。

8. 火眼金睛（适合年龄：各个年龄）

通过做这个游戏，可以增强宝宝的判断能力，将来遇事更容易思考对错而不是简单的接受。

爸爸故意说一个错误的句子，比如"春天，树叶黄了"，然后请宝宝找出句子的错误之处，再把它改过来——"秋天，树叶黄了"。为了维持宝宝的兴趣，宝宝做对的时候爸爸可以适时地夸赞宝宝或者给出奖励。

9. 反义行动（适合年龄：各个年龄）

通过这个游戏可以加快宝宝的反应速度，同时提高宝宝的判断能力，并且增长反义词的知识。

爸爸先引导孩子熟悉一些词和它们的反义词，比如大、小，前、后等，等宝宝掌握了以后跟宝宝解释游戏规则。爸爸说出一个词，宝宝做与之相反的动作，宝宝如果做对了就轮到宝宝说一个词让爸爸做相反的动作。比如一方说"上"，另一方就用手指向"下"，一方说"向左转"，另一方就"往右转"。如果谁做错了，就由对方弹一下脑门以示惩罚。

10. 纸牌游戏（适合年龄：各个年龄）

通过与宝宝玩牌，让宝宝学习大小的比较。

取一把纸牌，爸爸和宝宝各拿一半，把牌背面朝上摊放在桌子上。开始游戏后，双方各抽出一张牌，翻过来比较正面的大小，一边引导宝宝说出来两张牌是几和几，谁大谁小，小的那张牌被大的吃掉，变成大牌那方的战利品，再从剩下的牌中抽取一张继续玩。如果恰好两张牌一样大就各自收回，再进行下一场比试。最后手中的牌都出完，谁赢得牌多谁就是赢家。

11. 体验下雨（适合年龄：各个年龄）

通过在室外体验下雨，培养宝宝对大自然的亲近与欣赏，同时雨后空气清新，对宝宝的健康也大有裨益。

给宝宝穿上雨靴，打一把透明雨伞，带宝宝到草坪上或者公园里，观察雨点打到雨伞和地面上溅起的水花，倾听雨点落到树叶和房顶的声音。雨停以后，让宝宝在小水洼里踩一踩，玩一玩留在青草叶子上的雨滴，如果赶上太阳出来跟孩子一起找一找彩虹，让宝宝体验到大自然的美丽。

12. 广告纸游戏（适合年龄：各个年龄）

跟宝宝用废弃的广告纸玩各种游戏，给宝宝带来快乐的同时身体力行了环保。

捡起随手废弃的广告纸，爸爸也可以跟宝宝玩一个愉快的下午。如果广告纸上面图案优美，爸爸不妨将它裁剪成均匀的纸片，给宝宝玩拼图；

如果色彩鲜艳，不妨把它裁成纸条，然后跟宝宝一起把它加工成斑斓的彩链挂在房间里做装饰；广告纸还是折纸游戏的好材料，巧手的爸爸可以教宝宝折各种小东西，如飞机、青蛙、小船，甚至大的广告纸还可以折成小篮子，放在桌子上当个漂亮的垃圾箱。

13. 捕鱼达人（适合年龄：24个月以上）

通过自己动手捉鱼捉虾，宝宝在收获了快乐的同时，还锻炼了眼睛和手的协调。

爸爸事先需要准备两个装了水的盆子，一个长柄的小网兜，一群活的小鱼或者虾。爸爸把鱼虾放在一个水盆里，让宝宝蹲在水盆旁边，用网兜把鱼虾从这个水盆捞到另一个水盆。爸爸可以先给宝宝示范几次，宝宝捞起了鱼以后爸爸可以给宝宝适当的夸赞。如果宝宝已经玩得很好了，还可以增加难度，让宝宝把鱼和虾分到不同的盆里。

14. 开锁游戏（适合年龄：18个月以上）

通过对开锁的学习，宝宝的双手变得更加灵活，同时新技能的学成也带给宝宝大大的成就感。

准备一把锁和一把钥匙，爸爸先在宝宝面前仔细地示范几遍，把钥匙插进锁孔里，轻轻转动，随着轻微的"咔"的一声，锁就弹开了。宝宝看清楚了以后，爸爸指导宝宝自己做。让宝宝一手拿钥匙，一手握锁，慢慢地、耐心地把钥匙对准锁孔插进去，然后往右拧动。整个过程爸爸要耐心，并且尽量多鼓励宝宝，宝宝学会了爸爸也不要吝惜自己的夸赞。